環島
一打四

四寶媽————著

四寶媽+**2468**的
35天 露營日記

生命要「浪費」在美好的事物上

　　「超級喜歡小孩，對家的感覺就是熱鬧、好玩！」這是來自邱鈺婷（露友們慣稱「四寶媽」）臉書的簡介，在這個不婚與少子化的年代，在這個只養得起毛小孩的世紀，當你聽到一個生四個小孩的媽，應該就像是小琉球的阿嬤，每次看見2468就呼喊：「夭壽喔！」

　　第一次與四寶媽偶遇的時間點在2017年2月份，當時露營樂正舉辦著第一屆挑戰賽，那屆共有五十組家庭報名五天四夜的連續露營活動，原本活動設計是給寒假中的年輕學子一個自我挑戰露營的概念；但是出乎意料之外的，吸引了近二十二組新手團報名參加，其中更有許多是媽媽帶小孩單飛，還遇到寒流與冬天冰冷的雨，在四處拜訪各地的挑戰賽朋友時，心中不斷迴盪著「為母則強」。就在苗栗大湖的「四季非露不可」，營主大姐邊聽著我訴說挑戰賽媽媽們的英勇，她也補上一句：「昨天來了一帳，一個媽帶著四個小孩，各是2、4、6、8歲，要連續三天」，我忍不住飆出一句：「夭壽喔！」

　　2017年的夏天，當我知道四寶媽展開以露營為主的環島旅行，就開始追她的臉書，天天追、天天感動，天天追，天天腦海就飄過許多問號與驚歎號。是甚麼樣的動機，是甚麼樣的媽媽會有這樣的體力與耐力帶小孩去環島旅行？自詡為臺灣露營產業領頭羊的「露營樂」──我們可以一起做甚麼？一起努力做甚麼讓露營的美好被看見，讓不一樣的親子教養方式被學習？於是有了出書的衝動。

　　2007年電影〈練習曲〉帶動了臺灣一波騎單車環島旅遊的熱潮，接續著2012年的「不老騎士」也透過〈歐兜邁環臺日記〉，讓更多人激起環島旅行的夢想。近兩年以來，本人因工作需要四

處拜訪各地營區，已經全臺繞過七圈以上，時時都是在腦海中飄過「臺灣真的很美」的驚歎號。

如果因為我們傳達了這位四寶媽的故事，讓更多對於親子教養、對於旅行與玩耍有興趣的媽媽們，勇敢帶小孩去親近大自然，體驗臺灣的在地文化，那怕只是一小群人，都會是值得的。

因為，生命要「浪費」在美好的事物上。

貼心小提醒：孩子的保鮮期只有10年。

露營樂卓大叔　2017.08.30

目次

故事是這樣開始的……

2468 四個娃

　　「2」、「4」、「6」、「8」這四個孩子，是用他們的年齡來分別的。有時，我們也會叫他們名字的最後一個字，或是小名。「竣」是取自他的名字最後一個字；「娃」在肚子裡就取好小名；「多」多多還在肚子裡時，有次開車隨口問阿爸：「這次給你取小名，你想幫他取甚麼名字？」剛好竣娃正在喝養樂多，阿爸說：「直接叫多多。」「亮」則是還在肚子裡時，再請阿爸取的小名，希望是個可以為我的積木課帶來更多學生的名字，讓招生更加順利。阿爸就說：「事業亮眼！那叫亮亮好了。」

一打四環島的念頭

　　寒假帶孩子單飛露營時，遇到一個媽媽帶著孩子環島，那時覺得她怎麼敢?!怎麼敢開這麼遠的路?!帳篷天幕哩哩叩叩都要自己來，怎麼能夠？後來又想想自己也是一打四帶出來，她可以這麼勇敢，「我也可以！」就這種憨膽，連車子引擎蓋、加油蓋都不知道怎麼打開的我，帶著四隻孩子環島露營了！

行前準備

交通工具：自行開車

車款：VW CADDY 1.6 TDI
開車時的注意事項

- 必備超涼口香糖，記得一次要吃兩顆，嚼到不涼時一顆一顆追加，吃到太大坨很難咬時再吐掉，再重新塞兩顆超涼口香糖，接著上面的動作循環！
- 必備你會唱的老歌，孩子聽不懂沒關係，重點你要會唱！而且可以把車子當作自己的現場演唱會，快睡著的時候趕緊選快歌自High一下。我最愛：孫燕姿、蔡依林了，現在連6都會吵著想要聽孫燕姿的〈超快感〉！
- 真的很想睡的時候，不要客氣，就安全地停在路邊小瞇一下，擔心孩子吵你，塞個餅乾糖果也可以撐二十分鐘！那次我在路邊小瞇二十分鐘後，又繼續恢復戰鬥力跟2468拚到晚上。
- 緊急狀況必備：不慌不忙

　　真的是帶著憨膽就出發了，我只記得上山和下山可以用S檔與要怎麼打開加油孔加油（但在真正要加油時，我還是忘了怎麼打開安全鎖…是加油員幫我亂開才打開，之後再也沒鎖加油蓋了……），在阿爸沒有交代其他緊急狀況應變對策之下，環島旅行就開始了！

　　我曾問阿爸怎麼這麼放心讓我帶2468去環島露營？阿爸竟然說：「因為我幫你選了一臺好車！」

　　車子只有在環島第十二天的時候發生狀況，其他全都安全帶著我們五口上山下海遊臺灣。在第十二天的時候，從福鹿山露營地看完熱氣球要往下個景點「鶯山博物館」時，竟然發生電瓶壞掉的情況，幸好我臉很厚地趕緊找隔壁露友鄭大哥幫忙，太幸運的是他的車子也是福斯的，所以一看就知道是沒有電了，趕緊拿出他的隨身充電器幫我運電並叮嚀我一定要去找保養廠檢查。我用地圖找到附近十分鐘車程的一間保養廠，一檢查確定是電瓶壞了要換新的，所以解決了電瓶問題。

環島裝備

環島旅行總有想像中要帶的清單，但實際上會建議大家帶的清單？

　　我原本都有帶脫毛機／磨腳皮機（結果只用了一次……之後都懶得用就讓它長讓它厚）

　　還有準備面膜、足貼，也沒有用到……

　　建議就帶實用的，個人美觀的物品全都可以不用帶，就讓它曬、讓它長！！

　　這樣才有環島旅行的痕跡。

　　真正實際帶的就是上面所寫的，露到最後都是輕裝再輕裝，連桌子、充氣床我都懶得打開使用了……

基本露營裝備

SP-SDE003R 帳篷、錫箔墊、草蓆、睡袋、枕頭、工業用扇、循環扇、燈、延長線、衣架、掛衣繩、RV桶、椅子、盥洗用具、蛋捲桌、防蚊用品、醫藥箱、防曬用品、刮痧用品、卡式爐、湯鍋、碗筷、換洗衣服。

小朋友背包裝備清單

一套衣服、自己準備玩具及畫畫物品、帽子、太陽眼鏡

車中的收納分配

- 副駕座沒有坐人，所以幾乎都擺我的物品：隨身包、後背包、零食等垃圾
- 第二排坐268，2的座位下面放兒童推車
- 第三排坐4，4的位置旁邊放三袋衣物：我的一袋、孩子一袋、備用衣服一袋
- 腳踏墊放所有人的：雨鞋、菜瓜布鞋、布鞋
- 椅子下面再塞：小板凳五、六張，兩個超大野餐墊
- 左右兩邊窗戶旁及掛勾：四個睡袋、錫箔墊、草蓆、枕頭三顆
- 後車箱：三個RV桶（廚房用具一桶、電線雜物一桶、空桶裝雜物一桶）、帳篷、兩個收納箱（一箱放積木、一箱放我那些完全沒怎麼用到的美容用品……）

行程的安排與規劃

　　除了一般的旅遊景點之外，也很希望能帶著孩子深度玩臺灣，推薦大家在行程的安排上可以規劃一些文化體驗，讓旅行的回憶更加有趣及特別。

　　這次環島旅行中所有體驗相關行程都是直接在估狗搜尋關鍵字：花蓮體驗、臺東體驗，就會出現很多的相關資訊可以做參考，甚至加入很多官方旅遊的FB粉絲頁都能找到特別有趣的體驗行程。光花東所有行程，我花了七至十天熬夜排出來的！

　　而像我這樣帶著2468出遊，除了平日生活照顧上本來就需要注意到的地方，行程也是需要斟酌跟評估孩子狀況，來決定適合孩子的體驗活動。

　　像溯溪及浮潛，2幾乎是無法參加的，但我們在五月底有帶孩子去沖繩玩，行程上也有帶孩子去浮潛，所以正因為有了浮淺經驗後，再去跟溯溪及浮潛的業者說明我的孩子有浮潛經驗，不

怕水很勇敢，我會自己照顧他，這兩個業者才勉強同意（他們也是第一次接到2歲孩子的經驗，也算是個突破）。

最主要是我相信也了解孩子，他們從小就敢不斷地嘗試甚至享受過程帶來的樂趣，過程中當然就會出現碰撞而破皮流點血，我們給他的回應就是：「沒關係，玩會受傷很正常，會痛也很正常，塗點藥消毒一下就可以繼續玩，想要玩就要學習忍耐。」久了，孩子對受傷或是疼痛的忍耐力就會增強！這點也是家長的心臟要大顆些，才能放手讓孩子大膽去嘗試，而家長更要全程照顧自己的幼小孩子，讓整個團體活動能順利進行。

孩子只要玩就會忘記時間，但如果今天是移動日時，上午會帶著孩子一直玩行程，玩好回到車上他們剛好可以補眠，到了下個景點或是營地又能繼續玩。

如果點與點很近，孩子又很想要睡覺，我會陪他們說話講故事、說笑話，讓孩子可以保有好奇心及體力繼續玩下去。

如「Day14行程：東河包子→阿美族民俗文化館→東管處服務中心→成功漁港看拍賣」。為了看見阿美族的文化及東管處的美，孩子整個早上都被太陽狂曬一直流汗體力剩兩成，當時要離開時，時間已經下午2點了，正是孩子想要午睡的時間，他們正累想要睡覺，但我好想要衝去成功漁港看拍賣，時間很尷尬，為了讓我的行程可以順利跑，不讓他們睡著後醒來盧小小，所以約半小時左右的車程不斷和他們聊天打哈哈、掰故事，讓他們保持精神不想要睡覺，當我們下車進去成功漁港看見地上擺著很多大魚：芭蕉旗魚、鯊魚、曼波魚，孩子根本忘了身體的累，每個人都像是剛睡醒般有精神，目瞪口呆看著魚貨！然後又吃了現炒芭蕉旗魚肚子，真的超級好吃！每個人都看得、吃得滿足了，回程立刻在車上秒睡！

DAY 1

環島啟程：
花蓮賞鯨之旅

不出發，永遠都不會成行

花蓮壽豐慢活趣露營區

【地址】花蓮縣壽豐鄉共和村三農場10號旁
【電話】訂位請利用「露營樂」網站
【費用】900元（每營位限1睡帳1客廳帳1車；限4人入住；
　　　　酌收人頭費200元／人，上限6人，3歲以下免費）

整個露營區的寬闊草皮及親子可以共同體驗的釣魚池是映入眼簾的
第一印象。超級豪華的7m×9m大營位規劃也是讓現在帳篷越來越
大的露友們感到很方便舒適的營區特色之一。周邊生活機能超方
便，到全聯車程只要三分鐘，補給快速、外食便利；周邊旅遊景點
超豐富，立川漁場、東華大學只要車程十分鐘內就可以輕鬆安排親
子踏青的午後行程。

桃園出發→崇德海灣→佳興冰果室→七星潭→

慢活趣紮營→立川漁場→午餐→搭船賞鯨→

家咖哩晚餐

我決定帶著2468出發環島一個月?!

　　一打四帶孩子出去玩，對我來說其實很容易也很享受帶孩子出去玩樂的時間。

　　因為當孩子在外面看見更多好玩、有趣的東西，幾乎就忘了在家與手足間發生的鬥嘴或是互相告狀彼此的不是，在外面反而比家裡更好顧。我個人偏愛帶孩子走出水泥房、擁抱大自然！哪怕一天中只有兩個小時的時間，我都能帶著他們去郊外走走玩水、泡泥巴澡、再去水溝洗淨身體，看似會忙死媽媽、殺光媽媽數百萬隻腦細胞，我都覺得甘之如飴，甚至像充好電力般繼續忙到半夜才睡。光是上半年我就帶著孩子去動物園八次，其中三次，我們逛完動物園後直接搭纜車去貓空吃晚餐，孩子從頭到尾都自己走路，沒有人吵鬧，都是開開心心的！很像和自己的朋友般出遊，能讓孩子成為你的玩伴是多麼幸福的事情。我也很幸運，孩子除了都很懂（我的）規矩外，甚至6、8還會幫忙照顧2、4，讓我更喜歡且更輕鬆帶著孩子們出去旅行。

　　「一打四」帶去露營是今年寒假才開始。第一次一打四單飛露營，我們去了苗栗「逗點露營區」，特地選擇這個五星級營地，是想讓自己可以從容不迫地照顧孩子，並將帳篷和客廳帳組好。雖然結果是搭帳花了三小時、收帳花了四小時，還從三天兩夜臨時延長到四天三夜，最後一天晚上及隔天早餐算是沒有東西吃……（幸好隔壁露友邀請我們吃晚餐，隔天又請我們吃早餐，才解決燃眉之急……），有這美好又特別的經驗，我們開始踏上一打四單飛露營這條路，在寒假自己更帶著孩子露了三、四次，越露越上手。

　　在單打第3露還是第4露時，遇見一個露友媽媽叫莫菲，正帶著孩子環島，當時覺得她帶著孩子環島好厲害喔！「我暑假也要

帶孩子環島！」這個念頭在我的心中萌芽，雖然立下了目標但時間、行程一直未決定。就在5月的某一天，阿爸問我環島要多久？我脫口說：「當然要來個一個月啊！」於是向積木課的家長們請了長假，6月中開始認真熬夜規劃行程，7月1日我真的帶著孩子出發了。

謝謝眾多親朋好友的祝福下，為期一個月的環島旅行就在今早5點如期出發！

花東海岸線一日遊　帶2468出海賞鯨

第一站到崇德海灣，放眼望去雖然有一望無際的大海和壯觀的海岸山線，很美，但⋯⋯沙灘被橘色物品覆蓋、空氣中有腐爛味，所以我們迅速拍個照之後便快快離開。

接著前往位在花蓮新城的佳興冰果室，準備吃飽喝足後繼續出發。一大早8點，早餐就吃滷味跟什錦麵，滷味好入味好好吃！什錦麵的料超級多竟然才八十元，而店裡的招牌檸檬汁，真的名不虛傳，超好喝又解渴！來到佳興冰果室還有個重點就是位在旁邊的「新城照相館」。這裡是來花蓮新誠的必訪景點之一，我們也來一探它的風采。參觀完就沿著花東超美的海岸線繼續前往七星潭。

▌新城照相館的地板是用鵝卵石鋪，好特別，也好有懷舊感。

好幸運就在飛翔的老鷹雲朵下看七星潭海域的景觀。

七星潭下車時，忽然一隻蟬飛到車子裡，孩子抓起來觀察一下就放牠飛。

等待吃午餐的過程中，我們先去立川漁場玩水，結果才玩不到十分鐘就要去吃飯。明天繼續來玩水！

◇掃描 QRcode 看 2468，後面還有更多精采影片喔！

環島第一露：
為期一個月的環島旅行，預備備～企！

　　露營第一站來到慢活趣露營區，全是草地營地踩起來很鬆軟舒服，適合任何帳篷搭帳，空間還算寬大。孩子最愛的活動就是釣魚，每條魚都好大好肥美！

　　這週末還有阿爸一起旅行，但下週一晚上阿爸就要搭火車回去準備上班了，我也正式開始一打四的流浪生活，很多事情就要自己練習完成。除了明天開始要練習在花蓮開車熟悉路況外，到營地後也跟阿爸說搭帳讓我來。感謝今天天公伯讓我順利開新帳，好有成就感^_^

　　接下來每天都會寫日記，抱著報平安的心情，也一路記錄這趟旅行。

　　環島第一天，今天該吃該玩一個都沒少，過得好充實！

自己一個人完成搭帳。#好的開始就是成功一半了#怎麼辦我還不會搭天幕

佳興冰果室

【地址】971花蓮縣新城鄉博愛
　　　　路22號
【電話】03-8611888

七星潭風景區礫石海灘

　　有斷層形成的海峽與優美的弧形海
灣,可以遠眺清水斷崖,夜間還可以欣
賞新城和崇德地區的燈火更興建了石雕
園區、賞星廣場、觀日樓、兒童遊樂場
等休憩設施,提供休憩和知性之旅。
【地址】971花蓮縣新城鄉海岸路

鯨世界賞鯨

【地址】臺灣花蓮市中美路315之1號
【電話】03-8238000
【官網】http://www.huadong.com.
　　　　tw/

看見好多海豚,還會調皮跟我們玩追逐遊戲,
好特別的經驗。

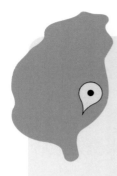

DAY 2
知卡宣親水公園的
悠哉玩水日
帶著積木去旅行

知卡宣綠森林親水公園

【開放時間】08:00-18:00（戲水區週一清潔消毒不開放）

【門票資訊】戲水區暑假免費開放，其他園區全年免費開放

【地址】973花蓮縣吉安鄉中正路二段299號

【電話】03-823-3575

夏天花蓮的超熱門景點，除了有八米高的旋轉滑水道、衝浪池、海洋造浪池、漂漂河等等之外，2017年還新增了幼幼池跟噴泉、水槍等互動式的遊樂設施，暑假時間開放免費入園，適合親子一同遊玩，園區還有設置美麗壯觀的風箏玻璃溫室植物館及多樣性植栽，讓大小朋友玩水之餘也能親近自然。

知卡宣親水公園→大陸麵店

▌早上陪著孩子們唸故事書、現場戶外積木教室開課囉！

積木或是任何物品都是結交新朋友的好道具

　　聽了朋友聖穎的建議，這次真的帶著積木一起旅行，並給自己一個目標，每到一個營地開個釣魚課，讓更多孩子可以在露營中結交新朋友，多了一個美好回憶！

　　今天也因此認識了從臺南來的露友雨農，一家人都很好相處，除了一起相約去知卡宣親水公園玩水，最後他們離開時還借我們玩水器具，更相約到臺南時可以借住他們家當中繼站。分享的果實是甜美的，因為主動打招呼、認識而成了朋友，是很特別的交友經驗。

知卡宣親水公園玩整天

　　超級推薦一定要來知卡宣玩水，除了免費是一大優點，裡面設施完善，救生員的安排每十步就幾乎會有一兩個人，很安全！我們從開園玩到關園，我跟救生員一樣眼睛一直盯著孩子，深怕有個閃失，所以硬是曬了一層麥芽色皮膚，也是甘之如飴！

▍四隻玩得好開心，有伴真好。

▍幼幼區，好玩又安全，還有遮陽。

▋ 遊戲區，大小孩都可以玩得超開心。

　　晚餐去很多人推薦的大陸麵店，店裡的招牌三鮮煎麵吃起來很像煎餃，很特別。

大陸麵店

【地址】973花蓮縣吉安鄉吉安路六段31號
【電話】03-852-6668
【營業時間】10:30-20:00

昨天我在開新帳時，阿爸負責照顧四隻孩子陪他們釣魚。以前8就有過釣魚的經驗，所以能自己綁線、放魚餌釣魚，晚上回到營區後，8捨不得睡覺繼續釣魚，在露友大方贈送魚餌下，終於釣到兩隻超大隻的吳郭魚，娃娃幫忙哥哥撈起。釣魚讓孩子們好有成就感！

明天阿爸就要回家了，他開始擔心我不會搭天幕，一直口訣教授搭天幕技巧。謝謝阿爸願意放手讓我們去流浪。

DAY 3
花蓮三棧南溪
親子溯溪

當孩子的勇敢媽媽

花蓮三棧南溪親子溯溪：溯溪達人

【地址】花蓮市美崙市場30號

【電話】0921-975-551

【FB臉書】https://www.facebook.com/溯溪達人-336457099724286/

三棧南溪很適合小小孩體驗，山路算好走也相對安全，但還是建議五歲以上再參加。

花蓮三棧南溪親子溯溪→慢活趣露營區→

花蓮火車站

媽媽心臟很大顆　小小朋友也能體驗溯溪

　　花蓮的重點行程之一就是「溯溪」──我最期待的活動，尤其是能讓兩歲的亮亮及四歲的多多同行，更是讓我們感到開心！

　　因為加入「深旅行」粉絲頁，我才知道有專門帶溯溪活動，剛好可以安排在這次環島的花蓮行程中，希望能帶孩子參與，特地請深旅行的小編幫我詢問2、4是否可以一同參加，不然我們也無法讓他們單獨留在溪邊等待我們回程……。

　　我不斷強調：2468有過浮淺經驗、水性好、不怕水、我們會自己照顧2，別擔心！

　　由於他們也是第一次接這麼小的孩子，應該也有嚇到媽媽的心臟怎麼這麼大顆吧！

　　除了兩歲亮亮太小沒辦法提供裝備以外，幸好穿著雨農借我們的手臂圈及自帶的戲水鞋，其他每個人都有專屬安全裝備。雖然亮的費用跟大家一樣都是一千元，但有業者願意讓我們帶著2468去溯溪，重點是他們也很專業及注意我們的安全，這才是最重要的啊！

　　這次帶著我們溯溪的教練之一的林教練，是一位原住民，帥氣、幽默、膽大心細，讓我們更加放心勇敢帶著孩子溯溪！

亮亮全程自己完成溯溪，勇氣十足！

　　整趟溯溪路線會先走一段平穩好走的山路，接著沿著三棧南溪逆流向上走，路途中會遇到兩個適合玩跳水的深潭，可以跟著教練挑戰跳水，我心想：「我一定要跳！」

　　這次除了我們家六口外，還有一對情侶，大家有說有笑，一路鼓勵扶持，八個人配兩個教練，很高規格！

終於我們到了可以玩跳水的深潭了！

第一個比較矮，所以連竣也都可以跟著跳水。我們先把第一個當作跳水的暖身練習。

第二個超高！我一看見教練要出發就馬上跟著走峭壁，走的時候有點害怕，但要跳的時候憑著一股媽媽力：「一心想玩但又要趕緊去照顧孩子，所以拚了！」立刻衝第一個，因為知道亮亮在下面等我，所以喊1、2、3，馬上就直接往下跳。林教練說我好厲害，完全不用演內心戲就跳了！接著自己又去爬一次峭壁再跳下來，好刺激、好爽快啊！

在整段約三小時的活動中，原本很擔心亮亮會害怕，沒想到他才是最厲害的孩子，全程自己走，也跟著大家玩漂漂流的遊戲，很感動他這麼勇氣十足！

休息時間，教練煮了泡麵當點心，這完全中了孩子的點。因為一路玩也餓了，每個人都吃了兩大碗。教練直說厲害！我看他們吃完也很有成就感^_^

讓孩子跳脫舒適圈，勇敢去嘗試冒險溯溪中所帶來的挑戰，如：雖穿著防寒衣，但溪水冰涼仍讓幼小的孩子不適應直呼「好冷」；路途雖適合孩子行走，但仍有大小石頭擋住去路需要團體合作的方式，甚至要很細心地去踩下每一步完成溯溪，更需要強大的意志力完成來回約三小時左右的溯溪行程，連兩歲的亮亮都能獨自走完全程。在專業的教練引導下，三棧南溪是很適合親子挑戰溯溪的地點喔！

我一定還會再帶孩子來體驗溯溪，希望下次可以從上游一路漂到停車場處，一定超好玩的！

明天開始就是一打四的露營旅行

結束了溯溪行程後，我們返回營地休息。晚上阿爸就要搭火車回去了，從營地到火車站一路上我忍不住淚水不停地哭……一直牽著阿爸的手，連平常覺得臭酸味的汗臭味頓時都覺得是香的，還用力地多聞了幾次！

> 好捨不得阿爸離開…每個孩子也都給阿爸深深的擁抱及親吻。
>
> 我更想要把握最後半小時的相處時間……
>
> 沒想到多多這時屎尿滾，阿爸帶去上廁所用了20分鐘。
>
> 嗚嗚嗚……我剩十分鐘抱阿爸，哭更用力大聲了…
>
> 後來阿爸去搭火車，我忍著不捨，淚眼婆娑帶著孩子去車上。
>
> 這時……登愣！亮亮大便了，在擦屁股時，大便味一直衝向我鼻孔！
>
> 沒想到就這樣止住我的淚水，也才讓我順利回營地，並獲得第一次在花蓮開車的特別經驗。

今晚只有兩帳，伴隨著雷電交加下陣雨，孩子仍然不受天氣影響，開心釣魚、玩玩具。

到了睡覺時間，娃娃哭著想阿爸，在哄的過程我也好想哭……我也好想阿爸，但我不能再哭了，我要為孩子勇敢，有很多事情等著我去挑戰，要堅強做孩子的後盾。最後，我說了睡前故事給孩子們加油打氣，未來二十七天我們要勇敢地完成環島旅行才行！

今晚我就真的一打四環島旅行了，我會繼續當孩子們的勇敢母親，用力帶孩子玩遍全臺灣！

▍很會玩的教練，第一次發現原來繩子也可以這樣拉孩子溯溪 ^_^

▍謝謝教練幫我拍！今天模範生是亮，全程自己走，多有時撒嬌一直要人抱。

▍連小小孩都可以跳的小區。

▍不囉嗦！123馬上跳出去！完全不用演內心戲！

▍竣跳水，玩上癮了。

▍做孩子們的勇敢媽媽，我今天做到了！

DAY 4
隨遇而安，睡在倉庫裡的難忘經驗
旅途中總有些意外

花蓮光復：大象山莊

【地址】976花蓮縣光復鄉大全村建國路一段30巷12號
【電話】0932-531-832
【FB臉書】https://www.facebook.com/olddavidcoffee/

露營區很適合喜歡放慢腳步的露友，除了眼前即可飽覽雲海大景及花東縱谷、中央山脈的美景，還有讓小孩放風的開放草地。最棒的還是老爹老媽的熱情及窩心，能聽著他們分享人生旅遊經驗及邊品味濃郁的咖啡，是露友們難以忘懷的美好回憶。

慢活趣收帳→牙醫診所拔牙→立川摸蜆→

午餐→大象山莊搭帳

旅途中意料外的狀況Part1

竣門牙要掉了，所以今天一早先帶著孩子們去找牙醫診所。找了兩家後終於找到臨時可以讓我們插隊拔牙的診所。醫生像軍事化治療般，一個口令一個動作！對著護理師說十分鐘內解決！

> 醫生：刷牙的步驟是什麼？就像學校功課一樣，你怎麼檢查？
>
> 尬的……我總不能跟醫生說：我從不檢查，只簽名，而且常忘了簽……
>
> 是不是！不能直說的祕密，只能嘴巴閉閉、張大雙眼無辜看著醫生。

軍事化醫生有條有理的一個一個步驟說明如何檢查功課簽聯絡簿，進而解釋怎麼協助照顧孩子牙齒！

說明完後，沒有塗麻藥直接上下搖動將牙齒拔起，交代半小時後才能鬆開嘴巴拿下棉花！完全「快、狠、準」治療。

旅途中意料外的狀況Part2

我們從診所要去立川漁場路上，突發狀況不斷，相信媽媽們的日常生活一定也是不斷在上演這樣的情景吧！

竣搞著貼紙，結果方向不對，紙直接插入指縫裡面流血大哭；娃娃這時也在嗚嗚地哭說吹冷氣肚子會痛，當我路邊停車協助孩子時，眼尖地發現亮在吃東西，沒想到他吃的是他手指掉落的OK繃……尬的！

好在，出頭很多的孩子都被我一一擊破解決！（撥瀏海）

立川漁場

　　擁有得天獨厚的無汙染環境及天然湧泉，立川是培養出一粒粒黃金光澤外殼的黃金蜆專家。而「一兼兩顧，摸蜆仔兼洗褲」正是立川漁場的真實寫照，遊客除了可以來體驗下水摸摸蜆仔的樂趣之外，還能到蜆之館認識立川產業、品嚐蜆仔冰淇淋、蜆仔精華飲等等特別的蜆滋味。產業發展休閒觀光，是許多親子家庭到花蓮來的必訪行程之一。

【地址】974花蓮縣壽豐鄉共和村漁池45號
【電話】03-865-1333
【網址】http://www.lichuan.tw/

不是A+媽媽般的完美，但努力當起勇敢媽媽

　　孩子可能因為生病、心理因素、人際關係等問題而導致行為偏差、情緒不穩等情況出現，同理，家長也會有以上情況出現！我一直對自己是「B⁻」媽媽感到自豪，我了解自己無法做到「A⁺」媽媽般完美；也知道我有缺點，例如：生氣一樣會飆罵孩子、打孩子，但不代表我不愛孩子。

　　當阿爸搭火車離開要回去上班時，其實我真的難過、不捨到不行，我也無法克制眼淚就只能一直掉，盡量不哭出聲音……我知道孩子需要我的堅強去強化他們的內心，所以我回到營地後就當起了勇敢媽媽，陪著他們說故事、安撫他們的心情。

大約2個小時慢慢收完全了！很有成就感！

訓練露營經驗值的一天

　　今天最大挑戰就是收帳，再去新營地搭帳、搭天幕。看完教學影片後實踐操作，真的不難。孩子繼續釣魚、玩勞作，我慢慢收帳，也收得挺有成就感的！

　　早上處理這麼多事情，我需要放空的地方，於是決定到立川漁場吃飯。這次點了烤吳郭魚，超級Q彈好吃啊！孩子讚不絕口，我也放鬆許多，可以繼續戰下去，吃完之後就讓他們開心玩水摸蜆了。

▌早上我收帳，孩子玩勞作。

結束立川漁場的行程後，我們前往位於光復的大象山莊營地，就在大農大富公園上方，場地很大，環境優美，老爹老媽人很親切，就像自己家中長輩。

開始搭帳！默背阿爸口訣：「先搭天幕再搭帳篷！」我一個一個步驟慢慢來，搭好才發現還是錯的，樂天派想說沒關係有撐起來就好！完成天幕後我繼續搭帳篷，竣也跟著幫忙，還幫忙煮了泡麵當晚餐，當我正要下最後兩個營釘完成搭帳時，老媽帶來香蕉、南瓜、地瓜葉給我加菜並且寒暄一下，這時忽然颳風下大雨，天幕像不要我似的風箏，一角飛起來要往天空奔去，我和老媽說：「沒關係，出來露營總是會遇到下雨，而且我本來就不會搭天幕，倒下來很正常，哈哈哈！」老媽應該第一次遇到這麼樂觀的媽媽，像長輩的她心疼孩子跟著淋雨，趕緊帶著孩子去倉庫避難，也一直叫我一起去，我全身濕透也不好意思拒絕長輩心意，也跟著前往！

▌看他們互動好有愛^_^

▌ 媽媽在搭帳，亮亮玩馬陸，娃娃找
　了蟬殼排成圈，竣在煮泡麵。孩子
　好棒！手足之間都會互相照顧。

隨遇而安，遇到狀況樂觀面對且處理它

倉庫是個小木屋大套房，該有都有，又有床及衛浴設備，我們整理一下就可以鋪床睡覺了！我為孩子感到欣慰，沒有因為下大雨而掃興、失望、抱怨，反而下雨時很開心撐起雨傘走在石頭路上，跟著老媽進入倉庫，也跟著打掃、好奇、興奮、開心看著特別的小木屋套房，四個孩子就像是小型幼稚園，玩起抓迷藏、積木、跳棋、唱歌、跳舞、寫日記等遊戲，一樣自在享受每個過程！

旅行的目的除了帶孩子開闊視野等優點外，還有一點也很重要，就是「隨遇而安」，遇到狀況一樣可以用很樂觀的態度去面對處理，甚至可以適應不同的旅行生活！

　　想起天幕遇風雨馬上倒的經驗,真的太好笑、太有畫面了!而且天幕倒在竣身上時,仍從容吃著自己煮好的泡麵,真的是很餓內!晚上老媽還炊饅頭給我們當點心,還邀請我們這幾天也可以跟他們共餐,能遇到這麼親切如長輩的營主,是這段環島旅行中的大幸福!

像家般自在、充滿人情味及愛的營地:花蓮光復大象山莊

　　到現在回想起來仍是感動及感激!真心感受到臺灣人濃厚的人情味就在大象山莊。

　　從第一天下大雨,天幕遇風雨一吹秒倒的慘況,老媽不捨我們淋雨,特地帶我們到小木屋避雨睡覺;到最後一天,老媽親自煮了豆子粥配鄉下才有的懷舊小菜,邀請我們共餐;以及下午請我們喝咖啡、奶茶,配著好友潤潤特地送來的生日蛋糕;接著我一對一指導老媽怎麼玩Lasy積木,讓她之後也可以陪著孫女玩積木;送有機香蕉、地瓜葉、南瓜,還炊饅頭給我們當點心。三天兩夜的收穫,到現在內心仍是充滿感動及感激!大象山莊的老爹及老媽就像長輩般照顧我們。

　　露營不再是單純住宿放空,而是體會到人與人之間用最真誠的心去結交朋友。

　　我很感激在環島的開始就這麼受到許多人的關心及鼓勵,我更謝謝老爹、老媽這三天兩夜帶給我們美好回憶。說再見是「明年見」的意思,大象山莊成了我心中在花蓮的家,老爹、老媽成了我敬重的長輩,謝謝您們讓我們的旅程充滿著甜美回憶,我們會再回去探望您們,祝福您們一切平安順心^_^

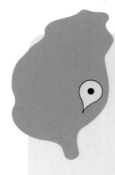

DAY 5
在花蓮與大自然相處

露營互助分工
肯定是童年最棒的體驗

花蓮觀光糖廠（光復糖廠）

【地址】976花蓮縣光復鄉糖廠街19號
【電話】03-870-5881
【官網】http://www.hualiensugar.com.tw/home.php

花蓮觀光糖廠，結合導覽解說、日式木屋、風味餐、臺糖農特產品、地方特色商品等，提供遊客觀光休憩的豐富活動。

整理小木屋裝備→重新搭天幕、整理帳篷→

花蓮光復糖廠→午餐悟饕池上飯包→馬太鞍濕地→

大農大富公園→晚餐大陸餃子店

還好有貼心幫忙的2468

　　早上沒有被太陽公公哈醒，三隻孩子睡到快7點，多多6點就起床，東玩西玩，不時跑來身邊撒嬌討抱。等孩子陸續都起床了之後，把小木屋整理一下，開始今天最重要的任務就是重新搭天幕！

　　這次只記得四十五度角，然後用力拉營柱不會倒就好，東拉西拉還真的被我重新搭好！心裡抱著反正風雨吹又倒也是正常，沒有倒就當是幸運的心態。晚餐回來後發現，天幕站得直挺挺的，很帥氣內，心中的成就感馬上破錶！

孩子們協助晾衣服。

　　在我搭天幕，忙著將裝備陸續歸位時，也做了第二件重要的事情，就是洗衣服及晾衣服。我請孩子協助幫忙，並且溫馨喊話：一起出來環島旅行，很多事情都要分擔，這樣媽媽才有更多體力帶你們去冒險！孩子們都聽話懂事，完成工作後，賺了五塊錢零用金！

　　孩子們都自己找樂子玩，一下子打水戰，一下子把石頭當跳板玩，老媽說他們真的好會玩。

忙洗衣服：把衣服放在RV桶，加一點洗衣精，用腳踩一踩再沖洗，完成！【薪資：5元】

◇掃描 QRcode 看 2468，後面還有更多精采影片喔！

多接觸、多嘗試、多體驗

　　忙一個早上終於完成了搭帳，趕緊出發到糖廠吃冰放鬆一下。看到別人吃便當，竣說也好想吃，所以到悟饕池上便當吃午餐，沒想到遇到露營瘋的露友來相認，我們開心地分享彼此旅行的點點滴滴，決定再一起出發去馬太鞍濕地玩。

　　好幸運遇到有其他團體在做導覽，我們靜靜地旁聽，發現我小時候捕魚的方式，就是「馬拉告」，真是有趣。阿美族人利用空心竹筒一支支架成一長排，上頭附蓋樹枝再鋪上雜草堆，共三層組成所謂的「馬拉告」，是一種生態捕魚工具。小時候我很喜歡帶著弟妹或是鄰居，在家旁邊的小水溝捕魚，捕到的大多為大肚魚、吳郭魚、螯蝦。因為小水溝寬度不大，所以會教弟弟、妹妹用網子或是用畚箕擋住A頭，我在B點手拿著畚箕往A頭出發，當走到尾時拉起畚箕，滿滿漁獲就在眼前。就像是把馬拉告放在河邊濕地挖一小水池，開口一端與河流相連，另一端開一個出水口，形成自由出入的循環。魚會住進來躲避天敵，而阿美族人就在滿滿的漁獲當中抓夠吃的份量。

　　竣說他很想要體驗抓魚，我跟他說：「媽媽帶你去水溝抓，媽媽以前就是這樣捕魚的。」

　　後來我們沿著濕地步道散步一圈，壯闊美景就在眼前，真是心曠神怡^_^

　　最後來到大農大富，我們租電動腳踏車看美景。特地不去熱門的打卡景點，而是騎到馬佛社區，幸運地看見割稻機正在割稻，空氣中還有像是煮好的白飯的味道，孩子們也覺得好新奇。我們沿著部落小徑騎一段再回來，沿途孩子數蟻窩數量，越數越起勁，找到了一百個蟻窩，把瞌睡蟲都給趕走了！

▌可愛的螞蟻窩造景。

　　在騎腳踏車前,其實內心有過糾結……原本答應要帶孩子騎腳踏車,但看到租金一小時六百元,真的不便宜還不能殺價……幸好自己當下轉念:「帶孩子環島盡量不窮遊,多接觸多嘗試多體驗,總能從過程中得到心靈感受!」我很開心我做對了!當騎到林道時,孩子馬上說裡面有三隻小豬的家、七隻小羊、小天使,他們看起來好開心,加上微風徐徐吹來,每個人都覺得好舒服、好美!而我也太開心了,帶著孩子唱起〈派對動物〉、〈999朵玫瑰花〉等神曲,歡樂高聲一下!

　　因為孩子表現佳，決定帶他們上超市買糖果當小禮物，他們開心地在架子前東挑西選。沒想到等結帳的時候，遇到信用卡機怪怪的，收納人員刷了兩次仍不過卡，邊用原住民腔調一直說抱歉：「怎麼會這樣內！不好意思內。」我好想跟他們說：你們慢慢來，繼續講話別緊張沒關係，你們說話真的好好聽內！哈哈哈！

晚上我們到大陸餃子店用晚餐，客人絡繹不絕，還發現店內有公告：不可以滑手機！東西不僅好吃，看見大家都沒有滑手機，只跟朋友聊天，那感覺好親近^^

孩子今天都玩累了所以早一點睡覺，睡前故事說白雪公主，結果講著講著竟然接到睡美人橋段……（媽媽也累到腦袋瓜混沌了）。明天又是收帳再去新營地搭帳的重要工作，我繼續加油努力^_^

＃今天有大驚喜　朋友潤潤送了蛋糕來營地祝我十九歲生日快樂
＃謝謝大家的鼓勵和祝福

馬太鞍濕地

每年5月到8月，沿著T形木棧道可以欣賞整片的蓮花花海，周邊除了有良好規劃的自行車道之外，還有瞭望臺可以俯瞰馬太鞍的綠油油的自然美景。

【地址】976花蓮縣光復鄉大全村大全街42巷15號

大農大富平地森林園區

園區範圍廣大，地勢平緩路面寬闊平整，有近二十公里的自行車道，都位在森林內，是全國少見的設計，讓自行車迷可以享受徜徉在森林及芬多精的包圍之中。

【地址】976花蓮縣光復鄉大農路31號

大陸餃子店

【地址】976花蓮縣光復鄉中正路一段45號
【電話】03-870-7620
【營業時間】11:00-14:00；17:00-20:30

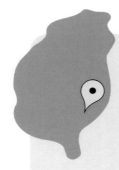

DAY 6
像家一般的
大象山莊

為母則強，媽媽的戰鬥力

大象山莊休息、收帳→

前往吉拉卡樣假日廚房

每天都在累積我們的旅行經驗值

今天整個早上都用非常緩慢的速度收帳。也許是收搭次數多了，開始從收帳的過程中注意到一些原本不曾發現的地方，例如：收帳時才發現原來我帳篷四角沒打釘，而是打在襯裙處……，整個就是亂搭只求有個地方睡覺的概念，哈。不過今天的天幕完全屹立不搖站挺挺，應該也算是成功了（但應該風雨一來，還是會秒倒）！

早上當我在收帳整理時，孩子們的重要工作就是洗衣服以及晾衣服了。聽娃娃說哥哥一直唸，事後再看他們曬的衣服也是皺皺的沒有攤好，我心裡其實想著沒關係，孩子在吵架過程中會去找平衡點，而衣服有碰水用腳踩一踩，清水沖乾淨、晾乾，就及格了，出來旅行怎麼可能都是美美入鏡，孩子都乖乖聽話。

　　看著孩子們開心領到打工錢，珍惜放在包包裡，期待有機會可以買玩具的樣子，開心勇闖每一天、期待每一天才是最重要的！這次目的不就是要曬到黑亮、讓衣服透露出旅行的痕跡嗎？趁曬鍋子和碗的片刻，拿出針線幫亮亮的開口笑包包縫補一下！因為這次旅行，孩子們都要揹自己的包包：水、換洗衣物、玩具、文具，全都要自己保管，一來訓練獨立，二來對自己的物品負責，我也可以少拿少揹很多東西，「一兼兩顧，摸蜆兼洗褲」^_^（我繼續休息看山吹風放空一下）

感激環島的開始就受到許多人的關心、鼓勵及照顧

　　老媽中午煮了豆子粥邀請我們進家裡共餐，大家坐在餐桌上吃粥配家常小菜，孩子大口大口地吃，我們就像家人似地自在聊天。餐後我幫忙洗碗，從流理臺看出去的景色是這麼的美，想到每天都能如此靠近山就十分欣羨！午茶時間老媽請我們喝自種自烘培的有機咖啡及奶茶、手工鳳梨酥，竣竣也體驗自沖咖啡，不加糖、奶精的咖啡喝起來甘醇順口不苦澀，好喝極了！我也第一次讓孩子喝看看用愛、用心、用音樂烘培出來的咖啡，是好喝的！我後來連尿尿都聞到好濃的咖啡香耶！

　　接著是我免費教授Lasy積木課時間，疼孫女的老媽請我教她組裝，我教了釣魚記與火車兩個主題，老媽很有天分，也跟著用婷婷老師獨特教法邊說邊組，她真的可以當最認真學習的學生了！

　　三天兩夜的時間仍覺得不夠，收帳就像離家般難受。與老爹老媽約定明年再回家住，我們會想念這裡所有一草一木、一杯咖啡、一塊鳳梨酥。

（註：環島結束後，仍和老媽在FB有聯絡，雙方互相關心、想念，等明年暑假可以有較長的時間回家住，就能多幫忙兩老做農事，踏實、有家的感覺一直留在心中不曾散去。）

前往住宿的第三站：吉拉卡樣假日廚房

　　　　說起和吾兀兒的緣分也十分美妙！

　　　　6月中開始規劃環島旅行，從網站發現有個原住民假日廚房，是親自帶人去採野菜、認識野菜、學習烹煮原住民菜，於是私訊詢問是否可以前往體驗。

　　吾兀兒告知7/8有團體預約，我們可以跟著報名，我好開心，但也說請讓我找一下住宿的營地再回覆，她很大方直接說：「可以來廚房搭帳篷睡覺！」我看見此訊息跳出來開心到不行，除了解決找營地的問題，又能更深入認識部落生活，太深得我心了！

　　吾兀兒還說7/7可以去農場幫忙農事。我聽到又快要叫出來了！我最愛這工作了！馬上答應7/6-7/8住在廚房裡，7/8體驗原住民野菜文化！

　　從老媽那裡離開後直接來到吉拉卡樣，但因為吾兀兒還在門諾醫院上班要大約7點回來，吾兀兒媽媽約5點半回來，所以迎接我們的是吾兀兒的叔叔。

　　叔叔好親切地陪著我們聊天說故事，帶著我們到橋上說現在小溪有鱉，竣剛好就看見好大一隻。聽說以前溪水量很大時，部落人都會去抓溪蝦。靠山吃山、靠海吃海的生活是種智慧的累積！

　　之後吾兀兒媽媽及吾兀兒陸續回來，仔細地跟我們說明廚房很多東西都可以使用，還教我們怎麼煮泡麵才好吃（對！晚餐我們吃泡麵配水耕空心菜）。

媽媽的戰鬥力

今晚洗澡到家裡洗，所有的裝備我只搭了內帳。天啊！好輕鬆啊！但我卻是用手刀快跑廚房及餐廳兩邊一直折返跑喘吁吁完成……

因為孩子餓了，症頭開始發作：身體癢、喝水、手痛、蚊子叮……什麼出頭都冒出來了！整個晚上一直不斷解決他們的症頭之外又要煮泡麵，趕緊趁他們安靜吃麵時，手刀快跑去餐廳搭內帳。

不誇張！

我才把地墊準備打開時，竣說還要再一碗！

（手刀跑去廚房裝好麵手刀跑回去搭帳）

才翻開地墊要全部攤開時，多說還要再一碗！

（再手刀跑去廚房裝麵再手刀跑回去搭帳）

開始搭內帳要撐竿子時，竣又說還要再一碗！

（是的！繼續手刀跑去再跑回搭帳）

就這樣我在短短時間內手刀組好內帳了！

（請大家用力拍拍手，我完成搭帳了！！）

最精彩來了！

從8點半開始預告約9點睡覺，沒想到，竣興致勃勃地說原住民太陽的故事給我們聽，孩子們都聽得好認真，我則閉目養神一下，不時點頭說嗯，假裝有聽，但其實我有點沒力了……。

竣說完了，娃也跟著說要唸故事，我開心地說好，再閉目養神邊點頭說嗯。過了五分鐘，娃還在說！過了十五分鐘，娃還在說，過了二十分鐘，故事中的小女孩從零歲說到八十歲了，還繼續說！

喔買尬的……這個小女孩長命百歲ㄟ到底……

　　講完已經半小時過去了！這個一定要用力拍拍手，小女孩都變阿奏（曾祖母）了！

　　「快快快！時間到你們快去睡覺，晚安！」

　　（我好急，想跟他們說我愛你，晚安）

　　竣：媽媽⋯⋯我好癢⋯⋯

　　（竣一癢，大家跟著癢⋯⋯）

　　亮：媽媽⋯⋯餓⋯⋯

　　（亮一餓，大家跟著餓　）

　　尬的⋯⋯他們怎麼了⋯⋯到底⋯⋯

　　拿茶樹精油大家都擦！

　　拿香蕉大家都吃！

　　一樣一一擊破每個人的症頭！

　　（撥瀏海N遍）

終於……我可以報平安了！

（大家！給我用力拍拍手！）

從早上6點跟他們戰到晚上快10點，躺平！

歷經了：三小時非常緩慢速度收帳、一一解決五分鐘可能出現的症頭、出頭、晚上手刀折返跑煮麵、裝麵、搭內帳，現在！我屁股可以黏緊緊地坐在椅子上不動兩小時，報平安、回訊息了！

我到底有什麼神體附身在我身上，可以戰下去！（所以請大家繼續拍手不要停！）這非常人可以做到啊！

不容小覷的「媽媽力」

驚聲尖叫昆蟲篇

很多朋友都知道我很喜歡養昆蟲，所以家裡養了：螳螂、蜥蜴、毛大象兜蟲、蟋蟀（還讓母蟋蟀產卵孵化成功）、莫氏樹蛙、老鼠等小動物，基本上是不太會怕。就在前幾天晚上要睡覺時，眼睛一尖發現帳篷內有蟑螂。原本不想理牠想繼續睡，但怕牠爬到嘴巴、耳朵裡面，所以還是決定抓牠，看看帳篷內根本沒有東西可以抓，又怕牠跑走於是情急之下……

我竟然徒手抓牠！徒手抓牠！徒手抓牠！

徒手抓到蟑螂後馬上拉開拉鍊丟向帳篷外，我還感覺得到蟑螂在我手上的觸感及不停地鑽動……

然後髒掉的手往褲管擦一擦，繼續倒頭睡，現在回想起來還是覺得：夭壽，怎麼敢抓大隻蟑螂啊！！（小隻蟑螂我可以直接用手掌拍死，兩隻手一直啪啪啪，死了好多隻，都不怕！）

但大隻……啊！！！

壁虎事件篇

有次晚上我要開後車廂時，發現壁虎在車廂上，天啊……我好擔心牠爬進去車子裡啊！怎麼辦……因為車廂門已經打開，如果一動，壁虎害怕會鑽進去……尬的……

右手一揮……嗯……軟軟的身體……

壁虎掉在地上迅速溜走了！

好理加在啊！

今晚繼續禱告蛇不要進來^_^

豬牛同體的媽媽

8的同學媽媽給了我一個綽號：「過動媽媽」。因為我常常有很多的精力帶他們上山下海，從早戰到晚上，接著再熬夜做自己的事情，可能只睡四至六小時，又繼續帶他們玩一整天，再到晚上深夜我繼續熬夜做自己的事情，好像永遠有用不完的體力。

還有我的食量很大！說一個例子：以前結婚紀念日去西堤用餐，從前餐吃到最後甜點我竟然沒有飽。然後再繼續吃第二套的套餐，我才心滿意足離開！還有訂月子餐，我完全吃不飽啊！幸好幫我坐月子的高中同學都華，每天每餐都炒很多菜讓我外加，吃完再繼續吃點心，點心吃完又繼續吃正餐，嘴巴很難停下來……

所以娘家人都說我是豬牛同體！！像豬一樣會吃，像牛一樣有健康的身體。

DAY 7

吉拉卡樣部落巡禮

接觸不同的文化及生活體驗

吉拉卡樣部落

【地址】花蓮鳳林鎮山興里（花蓮193縣道54公里處）

吉拉卡樣（Cilakaiyan）在原住民語中的意思──「人間仙境」，位於鳳林鎮山興里；山興部落，阿美族原住民稱這個海岸山脈下的小部落「吉拉卡樣」。

十多年前曾是一片荒土，但透過基督長老教會及世界展望會的輔導下，與居民共同發展有機農業，並配合觀光，讓來這裡的遊客除了能感受部落的美麗以外，更希望透過在地深度旅遊、體驗行程，讓大家增加不同的生活體驗，提升對這塊土地文化的情感與了解。另外，夏天還可以去探訪滿天星光的螢火蟲、沁涼的野溪戲水。

六點半早晨起床→洗衣服、寫日記、收帳整理→

部落巡禮→三立冰淇淋→花手巾植物染工坊→

回老爹老媽家喝咖啡吃晚餐

▍大家分工合作，每人洗淨五次就可以開始晾衣服，都是這七天訓練出來的。

用「打工」的成就感，讓孩子學會分擔幫忙

　　每天早上跟孩子們的例行工作就是洗衣服。外出環島總不能幾天份就帶著幾天份的衣服吧！絕對會因為增加裝備重量而吃力不討好。因此，每天要做的事情之一除了收帳、搭帳以外，就是洗衣服了。這次規定每人都要踩三十下、用水洗五次，完成的人就可以得到打工錢。孩子們團隊合作奮力地幫忙，連亮亮都有賺到打工錢喔！這也算是旅行中讓孩子能一起參與及幫忙的小撇步吧！

不只幫忙家事，在吉拉卡樣我們也要來「討工作」

　　今天的行程是要到吉拉卡樣有機共同農場「討工作」，我們用散步去部落探險，邊往農場前進。在途中，只要看見居民我們都大聲打招呼，每個人都好親切、好開朗，永遠都是笑瞇瞇的樣子。

　　因為不知道農場在哪裡，我遇到人就問，而原住民報路的方式也真的讓我大開眼界呢！

　　老：就這樣彎然後再彎，派出所對面！（很認真比手畫腳
　　　　給我看）

　　我們走到派出所發現對面是大馬路啊！沒有農場……再問一個老人家農場怎麼走？

　　老：就這樣彎（右手手指向右彎），然後這樣走！（右手
　　　　左手一起彎）

……ㄟ……我還是不懂內……
隨便亂走好了！
　　所以最後能走到農場，真的覺
得我怎麼這麼幸運。

▌全副武裝，雨鞋都準備好了！

巧遇都市中沒看過的　體驗農村中常見的

　　走過小橋、部落馬路，沿途我們先幸運遇到了消防員正在放水檢查消防栓。主要目的是檢查消防栓是否有保持通暢不堵塞，我們看著一開始冒出來的水好混濁，接著越來越乾淨，也算是讓孩子親眼遇到了都市中難得一見的工作之一吧！！消防員的工作完成後，我們便互相說再見，繼續散步前往。
　　我們正要離開消防栓時，我看到了一位大叔手拿著像是開山刀用力地替小腿抓癢（哇～像小腿一樣長的刀拿來抓癢，好強喔！），馬上上前打招呼問候，得知他是要去採香蕉後，好奇心驅使我們跟著大叔過去一探究竟。

　　大叔告訴我們香蕉只能收成一次，收成好便要砍掉當肥料，所以時機成熟時，農民會先採收起綠色的香蕉，回家用塑膠袋裝著，等到顏色黃了之後就可以吃了。採收完成，我們也互相道別。

農場的採收方式

　　雖然原定是要到農場幫忙工作的，在終於抵達農場後，農場的阿伯說今天要整理田會很忙，明天才會有工作可以給我們做，告訴我們今天可以自己先採番茄。就這樣孩子們獻出第一次採番茄體驗，2468全都開心地自己現採現吃，而且這裡的番茄都沒有灑農藥喔，好好吃！採完番茄後，我們慢慢散步回部落，一路上遇到好幾隻看家狗對我們吠叫，孩子們把身體壓低低的不被狗發現，慢慢蹲下往前走，好像過五關的感覺，真是太可愛了（狗用聞的也知道這四隻猴子走回來了啊）！

接觸當地文化
融入結識當地人

　　回到部落，老人關懷據點傳出原住民音樂歌曲，部落老人家正在開心地手足舞蹈跳著傳統原住民舞步，看見我們回來，熱情地邀請我們一起加入同樂，亮亮好自在地跟著一起跳，其他三隻則是在鼓勵及誘惑下跟著完整跳完兩支舞！當下在對面錄影記錄著這段畫面的我，看著四個孩子不再害羞，反而是開放地融入部落生活，鼻頭一酸覺得好感動，眼淚不自覺一直掉。這就是我想要的深度旅行！這就是我想要的，讓孩子去接觸不同文化甚或生活體驗，大方認識、結交善緣。

◇掃描 QRcode 看 2468，
後面還有更多精采影片喔！

此時的我替自己真心地感到驕傲，因為我願意主動對著迎面而來的人，面帶笑容大方地打招呼說：「早安」、「您好」，進而讓這善緣延伸到孩子身上。於是兩個小時吉拉卡樣部落巡禮，我們不斷有驚喜、不斷有笑聲出現，讓孩子親身體認到主動、禮貌、笑容是最佳身教。

吉拉卡樣部落雖然不大，但很有人情味及當地特色，很值得深入旅遊。

下午體驗花手巾植物染　手作DIY

上午的部落巡禮孩子們表現太棒了！在車上又大大稱讚他們，竣很懂事馬上說：「謝謝媽媽誇獎！」不禁讓我覺得怎麼這麼會說話！

中午不吃飯直接吃冰，孩子樂得不行，而我必須補充些熱量。因為花蓮太陽大，我要同時照顧孩子及處理很多事情，所以常會肚子餓但沒食慾。像是昨天一整天只吃了老媽一碗豆子粥及在車上吃了半根香蕉，今天白天也只吃了冰淇淋，其餘都吃不下……幸好目前為止體力都能戰下去，也沒有中暑現象，就放心了。

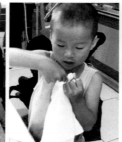

▌ 期待明天拿到成品^_^

中午過後帶孩子到花手巾植物染工坊手作DIY植物染手巾當作孩子的禮物。三隻孩子都很專心地聽老師說明，也很努力地用橡皮筋加工具綁在手巾上。染、洗因為需要時間，所以我們休息一小時去公園玩玩再回到工坊看植物染的製作過程。

沉重的機會教育

在花手巾植物染DIY時，我們看見辛苦的工作人員正煮著染汁，要幫我們做植物染的動作。

孩子們原本都非常開心興奮，蹦蹦跳跳地來到鍋子前面想一探究竟，沒想到煮染汁味道撲鼻而來，讓孩子覺得臭臭的，捏著鼻子大聲地說：「好臭！」還調皮地跑到十公尺距離之外笑著說好臭！

說一次好臭我可以理解，畢竟孩子第一次聞到，但說了三次以上甚至還調皮地笑著跑掉邊捏著鼻子說好臭，我覺得這個行為就是對工作人員的不尊重，於是馬上嚴厲地叫三隻過來面前！

「我可以讓你表達說出你的不舒服，但你說了很多次，甚至跑到這麼遠還在說好臭！你的作品，就是這些辛苦的阿姨們聞著這味道幫你染出來的！你剛剛的行為讓我覺得非常不尊重她們，請你們馬上去跟阿姨道歉說對不起！」

孩子看見我真的生氣了！也知道剛剛這樣的行為不妥，所以竣、多兩人一同去道歉，而我也跟著說：「對不起，剛孩子這樣說是不妥不尊重的，所以跟妳們道歉。」

阿姨們雖然笑笑地說沒關係，她們習慣了。但孩子，我希望你們可以更設身處地為別人著想，做個有禮貌、懂事、尊重他人的好孩子。

花手巾植物染工坊

花蓮鳳林除了有泰雅族和阿美族，也是花東縱谷最主要的客家庄。鳳林鎮文史工作協會將舊菸樓建築改造展售客家媽媽們植物染製品──傳統客家婦女的代表物「花手巾」，並設計套裝行程及專業導覽講解，讓遊客可以來植物染DIY體驗及遊賞鳳林人文采風。

【地址】花蓮縣鳳林鎮中華路164號（客家文物館旁）
【預約染布體驗】03-8760905可接受預約10人以上染布DIY，並有專業
　　　　　　　　解說人員做導覽解說。
【FB臉書】https://www.facebook.com/FengColorful/

晚上回老爹老媽家充電　明早再繼續戰！

　　之後去讚炭工坊買了木炭花生送給老爹老媽，回來休息充電。
　　晚餐菜單是老媽煮的絲瓜麵線，竟吃了兩碗，滷肉好好吃，青菜也吃好多，老媽還送我一個零錢包，真是太感謝了！今天謝謝老媽招待，不然我可能晚上一樣餓到沒胃口吃……體重一直直直落。吃了麵線有了體力，晚上開車回去就能更集中精神！今天一樣充實又感恩^_^

孩子們傍晚幫忙澆水、順便玩水洗
身體，這樣回營地不用洗澡了！

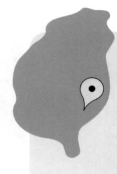

DAY 8

在吉拉卡樣部落，
我又哭了

深入認識在地部落 2468 初體驗

吉拉卡樣有機共同農場

【地址】花蓮縣鳳林鎮山興里山文路2號

【電話】03-8741430

【周邊體驗行程】生態溯溪、品嚐在地風味料理、單車旅行、
志工假期等。

【FB臉書】https://www.facebook.com/CilakayamFarm

定期舉辦如採劍筍、採黃豆、收割等「農事體驗」活動，透過實際採果和農場主人的帶領下認識農作物，了解有機耕作與自然環境的關聯，還可以感受部落居民他們對食物、土地的情感與信任。非常適合親子家庭來透過實際勞動認識有機農業、動手包野菜水餃、品嚐部落的特色美食！

06:30 早晨起床→協助原住民電視臺專訪吾兀兒拍攝→

吉拉卡樣有機共同農場→吉拉卡樣假日廚房→

臺東長濱浪花蟹紮營

旅行的小插曲：娃娃的第一次拍攝經驗

　　吉拉卡樣假日廚房體驗是我很期待的活動，早上8點就收好帳整理環境，跟著部落大姐，她切菜、我揀菜，一起做事一起聊天。

　　這時，原住民電視臺來做吾兀兒的專訪，需要一個小女生扮演小時候的吾兀兒，因為部落裡沒有大一點的小女孩，希望請娃娃幫忙，其他三隻當小配角。我們來到附近的廢棄小學做拍攝，導演及工作人員都很會引導2468，說個小故事引導情緒，再趁機捕捉畫面。

　　248就當作同學甲乙丙，當娃娃很失落地看著前方遠山，這群孩子一樣開心地玩著自己的小遊戲，同個場地不同心情。

　　有個鏡頭是請娃娃從教室走廊的尾端失落地走向前端，但娃娃還不太懂「失落」這詞，所以我就說：「想像你同學孟孟不理妳，妳很難過孤單地走路。」結果好像點到笑穴，娃娃笑場了……大家也覺得好可愛，畢竟她第一次上鏡頭，導演及工作人員都非常好，耐心地指導她才完成那畫面。

　　看著拍攝過程，電視臺的人對孩子真的好有耐心，細心引導娃娃的情緒表演，就第一次要面對鏡頭演戲的娃娃來說，表現很棒，配合度高，很上鏡頭，真是個很難得的經驗！

值得的吉拉卡樣體驗課程

　　回到部落我們跟著吾兀兒去有機農場開始今天體驗課程。我們脫鞋光腳走在田埂上，面對莊嚴的山及祖靈做打招呼自我介紹的儀式：「來了我！我是邱鈺婷。」做完儀式再去採有機番茄當飯前水果，接著回廚房享用原住民自助午餐。

　　我們五口是跟著別人的團體一起上課，吾兀兒對著大家介紹2468團體，每個大姐大哥都對我們好照顧。用餐時，我把自己也當成主人，希望客人吃得飽吃得好，所以先選白糯米飯及小菜給孩子止餓，這時有位大姐，端著一隻完整的大雞腿放在我手上，

交代我趕緊給孩子吃！當下我真的好感動，到現在寫這回顧時仍熱淚盈眶！謝謝她，讓肚子餓壞的孩子能稍微填飽肚子，止住了症頭出現！之後大哥大姐們也快吃飽，我也快快夾起餐盤美食，餵飽這些飢餓的孩子們，山產真的可以吃到蔬菜鮮甜及肉類扎實口感，實在美味。

吃完午餐，吾兀兒讓我們大家手牽手圍成一個大圈圈，閉起眼睛感受內心深處的感動，跟著吾兀兒唱起原住民古調，聲音深遠遼闊好聽極了！也讓我們感謝旁邊的人，謝謝他們陪著我們度過這幾天。聽到這裡，情緒澎湃又感動哭了，因為我雙手牽著孩子，帶著他們勇闖美麗島，這一路上平安，並不斷收到陌生人的鼓勵及幫助，真的很感激！

之後他們要結束活動往下個景點移動時，還特地將自己包包裡的餅乾、糖果全送給孩子，有孩子沒有拿到，趕緊又找出一個扇子送給娃，送竣一隻實用湯匙、送我一隻雙人牌指甲剪，受到大姐的疼愛，我真的感動到不知如何表達，直說謝謝！謝謝她今天特地搶到一隻雞腿給孩子吃，謝謝她送給孩子們小禮物。

換我對吾兀兒及阿姨們說再見了，三天兩夜的旅程留給我們是無限的美好回憶，吾兀兒不跟我收費用，那感覺就是像家人般樣回來娘家住，不過我當然不要，執意付費，她讓我換個方法，包個紅包給媽媽，當作感謝！

既然是媽媽，給紅包就要大包些，媽媽一年就等這麼一次了！媽媽還抱著我，歡迎我常回來玩！

吉拉卡樣也成了我花蓮的娘家了^_^

今天還認識了在北部教環境教育的黃俊翰大哥，過程中幫我們拍照，也互留資料，更對我們鼓勵打氣，希望有機會帶2468去上課。三天兩夜的吉拉卡樣旅行，是祖靈及部落所有人的愛灌溉2468成長，相信孩子們會一直惦記大家的，期待再相見^_^

環島第四站：臺東長濱浪花蟹

　　要從鳳林吉拉卡樣出發時已經4點了，預計到浪花蟹約17點30分到達，不過已經預訂6點長濱100無菜單料理晚餐，所以決定先去營地登記報到，再接著去吃飯！

　　在吃飯過程中，其實自己真的滿疲倦的，所以雙手撐頭讓眼睛閉一下休息。

　　暖男多看見了問我：「媽媽！妳很累喔？」

　　我回答：「有一點⋯⋯」

　　沒想到暖男多竟說出：「那我有很多力氣可以分給妳！」

　　當下聽到心真的好暖，也真的有把力氣分給我，於是我又把一盤微微辣的長豆吃光。

　　竣說：「媽媽！妳這麼快就恢復力氣囉？」

　　真的！我只瞇不到十秒，多的力氣就分我了！神啊！

　　我們吃完回到營地時間約8點，第一次晚上搭帳，幸好已經熟練，很快速地搭好帳，一抬頭看見海面上有月光倒影，真的好美！感覺獲得加倍的力氣，速度更快了，快把東西歸位，帶著孩子去探險！

　　從營地走路約三十公尺就是沙灘，沙灘上有螃蟹，孩子抓得好開心，我賺到放空休息時間，看越久充越飽！孩子都玩得不亦樂乎，玩到10點30分左右，帶著孩子們擠在一起洗澡^_^

　　孩子們約11點45分全數躺平！我，終於下班了！！迎接明天早上6點半早班！

　　在這裡要特別感謝露營瘋的露友，在我環島第三天時，我將環島的事情PO文在露營瘋社團裡，造成很多回應及鼓勵、祝福，還有露友直接私訊邀請我去營地玩。

　　大哥就是從社團知道2468環島旅行後，私訊鼓勵我，有緣的是我們會在同個時間到浪花蟹露營，所以他特別幫我喬了一個VIP位置，讓我可以更輕鬆、安全照顧孩子^_^

　　真的謝謝您！（不公布名字，以免造成大哥困擾）

　　報平安完成了^_^我也要準備下班囉！

吉拉卡樣 O'ol 假日廚房

　　假日廚房不是一家餐廳，假日廚房是一種文化！！！

　　建築外觀由木頭及竹子搭建而成的阿美族傳統房舍，就是吉拉卡樣的部落餐廳。平日空閒時，會由部落的媽媽們採摘農場、山上的野菜，再做成野菜水餃或料理，供應給部落的老人家；每週六、日，遊客可預訂體驗，有完整的部落導覽、認識部落的野菜文化及歷史並享用阿美族的傳統美食。

【地址】花蓮縣鳳林鎮山興路38-6號

【FB臉書】https//www.facebook.com/
　　　　　oolhouse101/?fref=ts

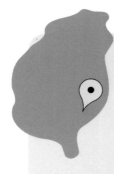

DAY 9
浪花蟹營地放空、
游泳、交朋友
享受在露營區發呆的難得時光

臺東長濱浪花蟹露營區

【地址】臺東縣長濱鄉三間村真柄1鄰16之3號（臺11線82.8K）

【電話】0978-687-555

【費用】平假日一座800元

浪花蟹幾乎都是草地為主，所有帳型皆可以搭帳，最熱門的就是面海第一排，景色真的是露過後會想再回露。

孩子最喜歡那裡的泳池，因為有深度可以讓他們潛到水裡翻一圈，環島回來後念念不忘的也是那裡的泳池。晚上還可以去沙灘上找寄居蟹、螃蟹，很有趣。

另外，我最喜歡浪花蟹的海景。從涼亭看出去碧海藍天再配上椰子樹，真的就像在峇里島度假般享受。尤其晚上的月光海是我們在北部海域無法看見的美景，月亮從海的底部慢慢升起，月光的影子越拉越長到變成月光海，真的好美好美！。

雖營地費用比其他營地相比高些，但我仍會想要再訪的營地之一。

臺東長濱浪花蟹營地

盡情享受露營發呆的好時光

　　早上孩子從6點20分陸續起床，準備上工了！

　　吃早餐→日記→洗／晾衣服，是每天孩子們的例行工作，領了打工錢就可以開始盡情玩！

　　先來一堂積木課，浪花蟹的櫃臺旁有個空間，剛好可以當教室使用，大家一起在這吹著微風、聽著老師一一講解步驟，我趁著他們低頭專心組裝時，便抬頭看看教室外的海景，在這上課真是太棒、太享受了！

　　婷婷老師的積木課很特別，我會將積木擬人化，用孩子聽得懂的語言去跟孩子對話，例如：我們將H媽媽穿鞋子、戴帽子，一起走路去菜市場買菜。

　　在引導過程中也會請孩子發揮想像力，想像H媽媽穿好鞋子要去哪裡？如果有孩子說要去搭飛機，那我們就將作品直衝向天空說：

　　「飛機要準備起飛囉！預備備！咻！！！！！！轉一圈！！！咻咻咻！！慢慢降落！」

　　因為用很童真的語氣及教法來教學，加上用心規劃每堂課的主題及內容，常會將：認識昆蟲、繪本賞析、音樂律動、感覺統

（左）謝謝雅卉一家人請吃午餐、晚餐。（右）和雅卉孩子一同玩桌遊。

合遊戲、美勞創作等活動來串連一小時的積木課，讓課程更多元有趣，孩子都超愛來上婷婷老師的積木課。

沒有上幼稚園的24就跟著我東奔西跑上課，也因為可以和很多孩子接觸加上多比別人花更多時間在積木上，所以他們的專注力、想像力、創造力都有很好的表現。

浪花蟹營地不僅美麗，還有一座安全的游泳池，連亮都可以站起來開心游泳，我現在則坐在池邊放空寫日記^_^

可以這樣發呆吹海風好愜意！

原本打算下午帶孩子去成功漁港看拍賣及吃海鮮，不過孩子們太愛游泳池了，從早上一直游到中午，吃完午餐後還繼續玩到下午約快3點！

午餐預計要去過個馬路就能填飽肚子的玉里麵隨興吃吃就好，結果好心的阿美族鄰居雅卉大方邀請我們一同午餐，孩子超餓，一下就吃完。晚餐時又繼續邀請我們吃晚餐，天啊！今天都不用出門，也不用煮，全都是鄰居請客，真的是太謝謝你們了^_^

這次來到浪花蟹都能遇到好露友，真的直接給你上天堂啊！

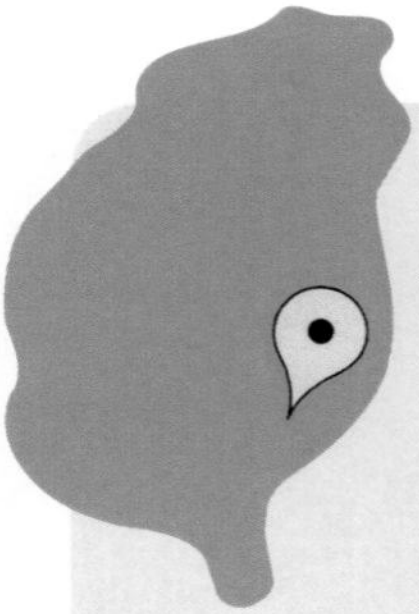

DAY 10

靜浦部落體驗
划膠筏、射箭

一路從早玩到晚體力旺盛、膽識過人的 2468

靜浦社區發展協會（靜浦太陽部落）

【地址】花蓮縣豐濱鄉靜浦村3鄰140號
【電話】03-8781697
【FB臉書】https://www.facebook.com/JingpuTaiwan/

靜浦部落，座落於秀姑巒溪出海口旁，具有豐富的出海口生態文化，屬於海岸阿美族的一支。提供生態體驗遊程：划膠筏、追逐浪花蟹、射箭、撒八卦網等等，都有搭配教練導覽專業知識，讓遊客可以親身探索、體驗花蓮在地的美景及靜浦太陽部落的傳統人文。

靜浦太陽的部落體驗划膠筏、射箭→參觀月洞→
依娜飛魚午餐→豐濱親不知子天空步道→
石梯坪→晚餐

今天是瘋狂又精彩的花東行程

　　我真的必須說，今天親子團的行程玩到晚上，他們沒有午睡一路玩回營地，沒想到還可以繼續在沙灘玩沙、抓螃蟹，不是他們體力太好，就是他們媽媽也很強，可以這樣一路陪伴！我在花東預計待上半個月，除了前幾天已經帶著孩子體驗了瘋狂溯溪、賞鯨等行程外，今天的划膠筏、射箭，完全就是孩子的菜！

划膠筏、射箭　戶外體驗超享受

　　早上約10點30分，我們跟著阿北教練一起到出海口體驗划膠筏。儘管太陽爆曬，我們也沒在怕，穿著救生衣，手拿船槳用力往前划。左邊山景，右邊海景，碧海藍天成為一幅畫，怎麼拍都像明信片般美。阿北還特地停留在沙洲，讓我們下船感受沙土的柔軟，如果雙腳不停地動會越陷越深，孩子覺得好玩到吱吱叫，愛玩水的多多直接坐著趴著玩水，其他三隻見狀也一窩蜂跟進玩水，他們真的很享受當下的樂趣！

　　接著我們又體驗射箭，弓箭好大好長，是屬於比賽用箭，每個孩子都體驗兩回，教練幽默有趣，多多和教練一組，常出現爆笑對話：

　　　　多：你看！我差一點點射到ㄟ！
　　　　教練：什麼！！你的差一點怎麼差那……麼多！你的
　　　　　　　箭在地上內！我們要射靶心內！（我真的被多
　　　　　　　多的「差一點」笑到不行）

　　教練人都好親切，對孩子很有耐心！連亮亮想要射箭，都願意配合他的高度而將弓橫放，讓亮開心玩看看。重點多、亮兩人的年紀是不收費的，原則上應該沒有辦法體驗，但他們卻願意花時間、多花一個教練，2比5個別指導教學。活動結束後，還送孩子一人一個靜浦社區才有的特色徽章，實在揪甘心！
　　太陽酷熱難耐，我們卻因為太陽的部落所有教練及工作人員的貼心、專業陪伴而感到一注清涼^_^

花東的自然美景 帶著孩子從小收集

第二站我們來到月洞。孩子為了看蝙蝠，願意耐心等待，參觀時間約十分鐘，雖然排隊排了快一小時，但孩子看見好多蝙蝠仍覺得值得！

第三站：依娜飛魚的飛魚握飯、飛魚卵香腸、炒野菜都好吃！最特別的是燻烤飛魚，乾乾的像厚片餅乾，吃完嘴巴會一直回甘，韻味一直留在口腔裡，真的很好吃！

為了旅行順利，小小計謀是必要的

　　第四站：親不知子天空步道，剛開幕時新聞都有播放，來花蓮就要來走走看！當我們到停車場時，先詢問已參觀完回來的遊客：從停車場走進去很遠嗎？（因為我要考慮是否要帶推車給亮亮睡覺還是直接揹揹巾。）結果遊客說很不值得去，感覺被剝了很多皮！不過既然都來了，還是親自去走走感受最真實。走進去真的有柳暗花明又一村的感覺，太平洋就在旁邊，海浪拍打沿岸的聲音好清楚！

　　其實在來的路上，孩子都很想睡覺（他們早上6點30分起床）。為了讓行程順利，不會出現「上車睡覺、下車盧小小」的崩潰情況出現，所以又開始利用說故事的方式，讓孩子期待去看看！

> 媽：故事時間！天空步道下有個海盜洞，聽說他們到
> 　　處搶、偷寶藏，就把珠寶、寶藏藏在這裡！
> 孩子：真的嗎？那我們也可以偷海盜的寶藏嗎？
> 媽：不行！被抓到會被殺掉！
> 孩子：偷偷的啊！他們不知道！
> 媽：有監視器！
> 媽：你們看，那個洞就是海盜住的及藏寶藏的地方！
> 　　連這個平臺就是他們搭帳篷、唱歌聊天的地方！
> 孩子：這裡還有洞！寶藏也可以藏耶！

　　計謀成功！除了亮亮在車上睡著用推車走路進去，到了天空步道路口，改用揹的之外，其他孩子都能自己走完沒有盧。重點是我覺得這個景點很不錯！很美，很適合跟孩子發揮想像力掰故事的好景點。

有時候，媽媽的心臟真的要很大顆才行

　　第五站：石梯坪遊戲區，我特地帶著菜瓜布鞋讓孩子穿來海邊玩！

　　多多一看見海邊有幾處安全的水窪，就直接走下去，亮也跟著走，結果滅頂……，我就看著他在水裡睜大眼睛嚇一跳，幸好水性算好的亮趕緊走起來，然後又天不怕地不怕地繼續玩！（媽媽心臟要很大顆……）玩了一回，海浪漸大，我們離開水窪要爬到石頭上，一路上孩子不走較平穩好走的路，偏要走要爬大石頭路，個個身手矯健爬過一顆、跳過一處！接著繼續挑戰最高處，我牽著亮慢慢爬，竣、娃、多自己爬上去，一抬頭看見多爬到最高處，覺得他好厲害，但他離懸崖邊也只剩十公分，我看了心臟

都快停，腳好酸軟⋯⋯幸好坐在多多旁邊的大姐有看見，我請她牽著多多慢慢走下來！然後，多又繼續找岩石攀爬⋯⋯在這個景點，媽媽的腦細胞不知道死了幾百萬隻⋯⋯

第六站：晚餐、浪花蟹沙灘玩沙、抓螃蟹！

玩了一整天，孩子完全不累異常興奮，晚餐到營地對面吃小吃玉里麵，孩子們看見玻璃瓶蓋開心到一直跳，跑去詢問阿伯老闆可以送給他們嗎？阿伯問：「這個要拿來做甚麼用？」孩子們說：「媽媽會用鐵鎚敲平，變成鬥牌給我們當玩具玩！」

阿伯好驚訝地問我，怎麼知道古早玩具玩法做法？我說我也有經歷過那樣的童年。小時候沒有甚麼玩具可以買，玻璃瓶蓋、瓶瓶罐罐，甚至一個塑膠袋就能成為我的玩具，帶著弟弟妹妹抓起大肚魚就往塑膠袋裡放，或是任何的瓶罐都成為廚房器皿，將煮好的野菜全都放在裡面，一字排開就像吃Buffet般大器。

孩子們如獲至寶小心拿著，深怕弄不見直叫我先拿去車上放好，等待我敲好鬥牌送給他們。

回到營地後，原想我應該可以下班了，這時月光海再次出現，我又瞬間充好電帶著他們往海灘玩沙、抓螃蟹。今天，我們仍是過得充實又快樂，孩子們也見識到古早鬥牌的樂趣。

現在！

9點30分！

我下班了！

明天又是收帳、去福鹿山搭帳的爆汗日！

繼續加油精彩環島行^_^

月洞風景遊憩區、石梯坪遊憩風景區

設有臨海步道通往各主要景點，石梯坪以多層階梯狀的隆起岩海階著名。沿著步道可以觀察海蝕溝、海蝕崖、海蝕平臺、隆起珊瑚礁地形地質景觀，也是潛水者及海釣者的愛好景點之一。

【地址】977花蓮縣豐濱鄉港口村石梯坪

豐濱親不知子天空步道

今年7月新開幕的天空步道，是豐濱鄉公所新打造規劃的遊玩景點。全新棧道沿著海岸斷崖絕壁建成，底端是透明的強化玻璃，一邊山景一邊是花東蔚藍的太平洋景觀，往下一看就可以看到海浪拍擊斷崖，讓遊客享受東海岸的風光。

【地址】花蓮豐濱鄉新豐隧道口附近
【收費】門票40元；停車費汽車50元；機車20元。
【開放時間】09:00-17:00
【步道資訊】全長：150公尺。透明步道：約50公尺長，可眺望20公尺高海面。

DAY 11
前進臺東鹿野高臺
看熱氣球

感受充滿熱情的天空嘉年華

臺東鹿野──福鹿山休閒農莊

【地址】臺東縣鹿野鄉永安村高臺路42巷145號（鹿野高臺）

【電話】089-550-797

【官網】http://089550797.tw.tranews.com/

福鹿山營地很特別。營地離鹿野高臺很近，所以對我們的行程安排來說很方便。有面向鹿野高臺的木棧區，也有草地區。

但木棧區上面都有鋪上一層厚約一兩公分的塑膠墊，像我們算是大帳，300*300cm的內帳鋪在塑膠墊上都會滿出來，然後外帳無法全部搭在棧板上，所以比較適合搭草地。而小帳適合搭木棧區。特別的是木棧區旁有條小水溝，沒想到生態超級豐富，晚上可以聽到有好多好多好多的青蛙在嘓叫，超級大聲阿！！！！是很另類的催眠曲^^

浪花蟹收帳→池上故事館午餐→鹿野高臺熱氣球→

福鹿山休閒農莊

空中嘉年華　來臺東就要感受一次

　　早上6點起床，開始東弄西弄準備收帳，孩子則去游泳池游泳。約10點左右離開，跟對我們非常照顧的草哥、蘭花姐，還有可愛的工作人員及營主告別後，我們啟程前往鹿野高臺看熱氣球。

　　我們一路開到池上故事館吃午餐，還買了懷舊糖果給孩子。吃飽飯開車時發現自己眼皮越來越重，這樣開車非常危險，所以直接路邊停車瞇一下補充體力。在睡覺時我都能感覺我累到嘴巴開開，眼睛微微開，但太累了……沒有力氣闔上，繼續開開睡覺……瞇了二十分鐘，充飽電後，開車前往鹿野高臺旁的福鹿山休閒農場。

　　好幸運！一上山就看見滑翔翼翱翔天際，紅的、綠的、彩色的，配上鹿野平原及山景，簡直美極了！帶著全車的餅乾水果，牽著孩子們從農場慢慢散步去高臺斜坡觀賞熱氣球。今天風大，原本很擔心看不到，幸好指揮官為了圓大家心願，一次立起九顆熱氣球，還特別加碼兩次小光雕，孩子直說好好看喔^_^

轉念每件小事的感受　「幸好」創造每個小確幸

　　今天的行程安排從海線浪花蟹跳到山線鹿野高臺，明天再從山線鹿野高臺跳到海線小野柳，原本還在小懊惱這樣跳來跳去花不少時間。不過自己又轉個念，也是因為這樣的安排，才能在開車途中看見山海美景，現在帶著孩子悠閒散步至鹿野高臺，並幸運地看見九顆熱氣球及兩次小光雕，所有的事情都是幸福並且值得去創造的！

　　我熱愛帶著孩子旅行，會放大每件小事情讓自己感到知足、幸福！如：吉拉卡樣部落巡禮、大象山莊臨時睡倉庫，會縮小很多微不足道事情讓自己少煩心，現在幾乎每天都會掉了或忘了拿東西，例如：孩子和我的帽子遺落在吉拉卡樣。幸好沒帽子遮陽，我們也沒關係，繼續跑跳冒險！今天加油還是不會開油箱，幸好加油站員工隨便開也成功了，但……還是不會鎖！晚上洗澡時全身都脫光了，才發現沒帶肥皂，幸好今天沒有玩很髒，水沖一沖涼也可以！

　　每次發生什麼狀況時，都會覺得「幸好」我還擁有了什麼，而不讓自己因為「失去」的情緒而影響後面的旅行。抱著這樣的心情帶孩子環島露營也就覺得每天充滿驚喜與期待了！

鹿野高臺──熱氣球嘉年華

　　從2011年的夏天開始，每年6-8月來自國內外的熱氣球都會在鹿野高臺亮相，是臺灣第一個以熱氣球形象打造的嘉年華活動。除了可以乘著五彩繽紛的熱氣球飽覽臺東美景之外，還有不同主題的光雕音樂會及造型球派對，讓遊客可以體驗臺東熱情的天際。平時熱氣球無活動時，這裡也是滑草的熱門場地。

【地址】臺東縣鹿野鄉永安村高臺路46號
【官網】http://balloontaiwan.taitung.gov.tw/

DAY 12

小野柳我們來了！

手刀危機處理

臺東小野柳露營區

【地址】950臺東市松江路一段500號
【電話】089-281-501
【官網】http://www.i-camping.com.tw/

夏天來到小野柳一定要預訂小木屋區，光屋頂可以遮日曬就可以多睡半小時到一小時了！不然當太陽公公一醒來，沒多久約6點一定會熱醒……我們很喜歡它的衛浴設備，十分乾淨沒有味道。而且一個營位就配一個車位及木桌椅、烤肉區，是十分方便的營地。

鹿野高臺看熱氣球→福鹿山休閒農莊收帳→

鸞山博物館→小野柳露營區搭帳→

夜訪小野柳

從帳篷內就能躺著看鹿野高臺施放熱氣球。很享受！

排隊體驗，很值得！頭頂上可以感受噴火的熱氣！

天空中的熱氣球　美極了！

早上5點就被熱鬧的熱氣球會場所發出的音響聲、噴火聲給叫起床，一打開帳篷，天啊！仙境！日出配上山嵐及雲海，搭配在藍天白雲下熱氣球不斷持續升空，孩子都看得呆著不動，專注看著鹿野高臺處共十一顆熱氣球及六顆成功飛行的熱氣球。

我們趕緊從露營處散步至高臺欣賞這一年一度的美景，而且還幸運排到進橄欖球造型的熱氣球裡體驗噴火的熱力！

從海線、山線跳來跳去！看見這麼多漂亮的熱氣球，加上孩子都說好好看，辛苦是值得了！

早上的日出有著山嵐及雲海相陪伴！真的美到讓人停止呼吸。

熱氣球升空！坐在上面的人真的非常幸運可以看見如此美景。

危機！考驗解決問題的能力

就在我們收帳結束，接近8點要離開去下個景點參加鸞山森林博物館活動時，正要發動車子卻只發出「答答答」的聲音，重點是無法啟動車子……重複發兩次仍是如此！天啊！我真的發生車子問題了……這是我最怕的……。趕緊請隔壁露友鄭順億大哥來幫我看看，畢竟我只會開車，其他車子內裝所有問題我全都不懂。

鄭大哥帶了好新穎的充電器來幫我檢查（充電器好薄、好方便喔！）

我還很不好意思說：「我不知道怎麼開引擎蓋……」（我真的很憨膽，引擎蓋都不會打開，就帶著一顆不怕事、不怕曬、甚麼都很樂天的心情環島旅行。）

大哥幫我接電一下就可以發動了，建議我直接去保養廠檢查比較安全，我趕緊詢問福斯業代張俊昇大哥車子怎麼了，他用穩重且平穩的口氣說：「有可能電瓶沒電或是該換了，建議找保養廠檢查一下，如果壞了直接換一個就好！」（他的聲音真的讓我感到安心些）

我也趕緊利用Map找到約十分鐘車程的地方有保養廠，而且很幸運地就在往鸞山博物館路上，立刻驅車前往並告知鸞山博物館人員我的狀況，有可能取消也有可能如期前往（因為距離集合時間剩不到一小時了）。

來到保養廠，師傅幫我利用工具檢查電瓶，確認是電瓶壞了需要重新買一顆！

但是身上現金不夠了，要買新的電瓶沒有錢啊……（心裡不斷想著：怎麼一直出現狀況劇，我好擔心無法參

加到9點的鸞山博物館活動，現在已經8點多了）後來想起來，阿爸幫我在車上藏了救命錢，這時候派上用場！太緊張刺激了！這樣都解決了！

師傅約十分鐘換好電瓶，我趕緊又出發去鸞山報到！只剩下十五分鐘要買早餐、領錢。終於順利在最後幾分鐘趕上活動！

電瓶壞了車子發不動→露友鄭大哥協助接電→Map找到保養廠→細心的阿爸藏救命錢→換新電瓶→買早餐→領錢→順利到鸞山博物館。這麼多緊急事件都在一小時內發生並解決，我都要謝謝吾兀兒帶領我們跟祖靈打招呼，請祖靈保佑我們平安！因為出發前我完全沒拜拜或是祈禱路途順利平安，只有在吉拉卡樣拜祖靈。有句話說：「有拜有保佑啊！」吉拉卡樣的祖靈好靈驗喔！

我們的危機解除，繼續今天行程！

鸞山博物館　生態導覽

9點我們順利來到鸞山派出所集合報到，進行行前說明後，今天活動流程：

第一站會走路的樹導覽解說→迎賓禮→土地祭儀→生態廊道→森林風味餐→搗麻糬→種樹→八部合音→分享。

我跟著其他爸爸們依照規劃的路線統一開車前往目的地。產業道路只能單向通行，開在小路上，心臟真的被訓練成好大一顆！

▌ 我跟著所有開車的爸爸們，自己跟車前往目的地，都是產業道路，無法會車！我開車技術有進步了！

　　整個活動中，我覺得最刺激好玩的就是生態廊道，我們在森林裡隨著山的地勢高低爬高爬下，甚至有一層樓高垂直近九十度的老樹根，沒有安全裝備的孩子個個沒在怕，手腳並用爬上去，還有幾段很驚險的路線是沒有路的，是用繩子結成便橋，手要拉著繩子慢慢往前走，下面是騰空的；不然就是高低起伏太大，要請亮坐在石頭上用屁股溜下去，兩歲半的亮亮都能完成，真的要拍拍手！生態廊道是孩子最愛的一段冒險的山路，活動結束仍想要再玩一次！

　　森林博物館「會走路的樹」很值得帶孩子來，當個小泰山攀爬、越過重重障礙，會很有成就感！

　　在吃飯時也認識好幾位大哥大姐，一下子變魔術一下子發糖果、餅乾，連搗麻糬時間分麻糬時，給了我們好大一塊讓五個人享用，真是謝謝他們。

▎我們的點心是烤山豬肉。

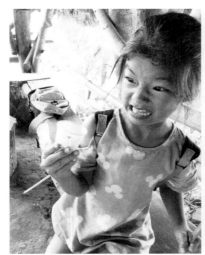

試嚐飲品：小米酒，孩子們都舔一小口，都說不好喝！苦苦的！（實際喝過一小口，你們就不會那麼好奇酒是什麼味道了）（其實非常好喝）

挑戰生態廊道！因為高低起伏非常大，所以很刺激、很有挑戰性，手腳要並用才能完成冒險。

大家都成功了，好棒！

小野柳露營區　夜訪小野柳

　　活動結束我直接前往小野柳露營區報到，孩子車上休息睡覺，我趕緊搭帳完成今天的家。晚餐就隨便買7-11果腹。好期待7點的小野柳夜訪行程。

　　一小時的夜訪，大家手持手電筒，走過小路，會看見揹著殼的寄居蟹和陸蟹，幸運的我們還看見隔了一星期才又開花的棋盤腳花，並利用星象圖看見滿天星斗中的牛郎織女星星、北斗七星、北極星，我還隱約看見銀河，星星爆多，真的好美好壯觀！非常值得來參加免費的小野柳夜訪活動。

　　小野柳的衛浴設備真的是五星級，非常乾淨沒有異味，所以洗澡起來很認真地從頭到腳洗乾淨，洗完都覺得自己白一階了！玩到髒髒的表示有認真玩，今天一樣過得充實又愉快。

▎搗麻糬、抱山豬。

鸞山博物館

位於鸞山部落。為了保護珍貴的森林環境，設了森林博物館，不是傳統的建築物，而是在原始森林，聽布農族人阿力曼解說布農族的遷移歷史、學習部落的山林智慧，其中開放參觀體驗中最受歡迎的行程之一便是「森林博物館生態文化拜訪體驗之旅」。
森林博物館生態文化拜訪體驗之旅行程；採預約制。

【地址】臺東縣延平鄉鸞山
【電話】0911-154-806阿力曼
【官網】http://tour.taitung.gov.tw/zh-tw/Travel/ScenicSpot/1256/鸞山
部落-森林博物館-

夜訪小野柳

夜訪小野柳是由交通部觀光局東部海岸國家風景區管理處辦理的活動，行程會安排專業導覽解說人員，帶領遊客於夜晚時分，一窺東海岸星空的奧妙、聆聽海濤聲及豐富的動植物生態，欣賞各種風情的小野柳（以上資訊來源為官方臉書）。

【地址】954臺東市松江路一段500號
【電話】08-928-1530#33
【FB臉書】https://www.facebook.com/Eastcoast.
Taitung/

DAY 13
濱海公園
瘋狂爆汗的一天
帶著孩子瘋狂玩戶外

臺東海濱公園、臺東森林公園

【地址】臺東市大同路、臺東縣臺東市華泰路300號

臺東海濱公園與森林公園相鄰，海濱公園區內有許多裝置藝術品，還有豐富的濕地生態及漂亮風景，遊客還可以在森林公園欣賞一望無際的太平洋。這裡更是單車聖地，規劃的自行車道可以從臺東大學橫跨兩公園，漫遊在廣大都市森林中，是來臺東享受戶外運動、遊憩休閒的好去處。

榕樹下米苔目→津芳冰城→海濱公園騎腳踏車→

森林公園→黃家蔥油餅→

夜訪小野柳＋ DIY

▎孩子都約06:30起床，早晨起床寫日記

　　早上我們做完例行工作：洗／晾衣服、寫日記完成後，出發去榕樹下米苔目享用早午餐，吃完一出來，天啊！排了二十幾組人馬，幸好我們先來吃！孩子們說好好吃，值得來品嚐！接著又去津芳冰城吃枝阿冰，也好吃！

津芳冰城

【地址】950臺東縣臺東市正氣路358號
【電話】08-932-8023
【營業時間】09:00-23:00

正中午騎腳踏車　我們皮膚更黑亮　內心更堅強

　　接下來的行程我都覺得我們是一家瘋狂肖ㄟ！正中午太陽超大顆，曬起來是會痛的，沒想到我們要去濱海公園騎腳踏車，透中午騎腳踏車，真的太瘋狂了！！

「我覺得很好玩！」竣很期待！

「我要自己騎一臺！」剛學騎腳踏車的多，騎得沒有很穩，也這麼有決心想要自己騎一臺！

好！就讓你們決定，只要開心選擇，一定有信心騎回來的！

「你們可以騎到琵琶湖就回來，騎到鴛鴦湖很遠，怕孩子騎不動，如果真的騎不動我們可以道路救援。」租車行好貼心啊！吃了定心丸勇敢出發了！

過程中，多多因為技術沒有很熟練，方向盤很容易晃動，不太會使用煞車，有兩次衝到草叢裡跌倒，下坡處煞車不及直接撞到我車子屁股，擦撞跌倒，他一樣很樂觀、開心繼續騎，澆不息他想要獨立騎完海濱公園及森林公園的想法，這孩子不屈不撓、不放棄的精神，媽媽好欣賞啊！

四個孩子裡面，多多是比較容易遇到困難而退縮的孩子。例如：學直排輪的時候，因為無法抓到平衡的訣竅一直跌倒而生氣，之後就不學了。老實說他才剛學會騎兩輪腳踏車，每次騎的時間也不長，這次他執意自己騎，再加上業者也掛保證如果騎不完他們可以道路救援，所以最後就放手讓他騎了！過程中他還沒有抓到龍頭平衡的訣竅，所以會龍頭偏歪而跌倒。多多卻都勇敢地站起來牽起腳踏車跟著我們繼續往前騎，哪怕有騎到草叢兩

次、撞到我們車屁股又再次跌倒擦傷，眼淚擦一下仍執意要騎完，這次讓我對他刮目相看！

環島結束後，也常主動要求帶他去騎腳踏車，更指定說想要去騎馬路，所以旅程中當看到多多喜歡游泳及騎腳踏車時，很替他開心找到自己的運動興趣。

在孩子的成長過程中我不斷告訴他們：

> 相信自己。一次不會就多練習，多練習一定會有進步，一定要相信自己。

也常常拿自己的例子跟孩子們說：

> 我以前也不敢開車，因為想要帶你們出去玩，開始練習上路，這次鼓起勇氣帶著你們環島，一定要相信自己可以做到！

我們從一點半騎到四點半，三小時的騎腳踏車小旅行把每個人都曬得更黑亮，他們的內心更堅強、更有毅力，這是出發前我從未想過的優點，他們就這麼發生了！

又是爆汗的一天！光在烈日下騎腳踏車三小時，我真的覺得太瘋狂了！但我們完成收集三個湖泊了！

幸好今天行程都是提前，提前吃飯不用什麼排隊、提前透中午騎腳踏車，騎起來視野更好，不用擔心孩子會與其他人擦撞而受傷！

幸好！有「幸好」這好朋友跟隨我們一路平安！

真的太瘋狂了，正中午跑來騎腳踏車

琵琶湖真的好美，很詩畫的湖

每天都要夜訪小野柳

晚上我們繼續參加DIY活動，DIY是利用檳榔裡面的種子，加上軸心就能成為一個陀螺，好特別有趣的廢物利用小遊戲！

▌DIY陀螺

臺東海濱公園、臺東森林公園

臺東海濱公園與森林公園相鄰，海濱公園區內有許多裝置藝術品，還有豐富的濕地生態及漂亮風景，遊客還可以在森林公園欣賞一望無際的太平洋。這裡更是單車聖地，規劃的自行車道可以從臺東大學橫跨兩公園，漫遊在廣大都市森林中，是來臺東享受戶外運動、遊憩休閒的好去處。

【地址】臺東市大同路、臺東縣臺東市華泰路300號

黃家蔥油餅

【地址】950臺東縣臺東市南海路36號
【營業時間】14:00-18:00

這樣玩、這樣環島

　　踏出舒適圈、勇敢出去玩；適應任何一種環境、隨遇而安；常將「請、謝謝、對不起」，掛在嘴巴，人緣自然來；學習付出、練習做家事，做一個有責任心、願意付出的人；遇到困難仍不屈不撓、堅持完成目標！有太多太多優點了，講不完內！

　　四寶媽帶2468團體都成功一半了，你們一定也可以！

　　旅行不再只是走馬看花，而是在過程中我們與孩子能更親密相處，並且一起用樂觀、正面的態度去解決所有難關！

　　我每天都期待今天要帶孩子去哪裡冒險，今天會發生甚麼有趣的事情，因為期待所以不怕曬、不怕困難^_^

　　我也好期待環島完後，露營樂的卓大叔送給我一本《跟著四寶媽一起環島旅行》（按：當時書名還未定。）的書。

　　謝謝卓大叔，謝謝露營樂的工作人員，

　　謝謝一直以來給我們鼓勵及祝福的你！

四寶媽：婷婷

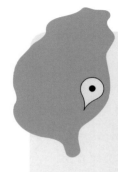

DAY 14
臺東走透透
從早到晚一直放電

**環島旅行這麼長
除了新體驗當然還有孩子的「小症頭」**

阿美族民俗文化館
【地址】臺東縣成功鎮信義里新村路25號
【電話】089-841-751
【開放時間】週一休園；週二～週日09:00-17:00

有傳統的阿美族祭屋和家屋等建築之外，也有像是竹編、飾品等原住民編織表演。遊客可以來感受阿美族的熱情、歌聲及部落文化，更可以在展覽室內透過專業導覽認識東海岸自然與人文景觀。

東河包子→阿美族民俗文化館→東管處服務中心→

成功漁港看拍賣、吃現抓海鮮→

麵包工廠：巧遇部落年輕人報訊日→杉原海水浴場→

營地洗澡→特選海產晚餐

每日上演：孩子的各種症頭

每天早上幾乎6點多孩子陸續起床，我就要開始說：「刷牙、洗臉、吃早餐、寫日記、洗衣服！」然後一個一個症頭就出現了……

第一個起床，自己唸故事書；趕緊起床幫他拍照。

「媽媽，你可以再帶我去騎腳踏車嗎？」多起床第一句話。昨天三小時還不過癮？

「媽媽，我的手被叮了好幾包……」娃娃可能被蟲咬。

「媽媽，我受傷的地方好像還沒好，我自己找藥擦。」多多很獨立，自己找了食鹽水洗好傷口後說不痛了（原來食鹽水可以安撫孩子受傷的心）！

「媽媽，我的腳破皮要貼Ｏｋ繃！」娃娃說。

「媽媽，我也要！」多多也要。

「媽媽，要！」亮亮純粹湊一咖。

刷牙時間，沒有帶杯子，我也懶得拿碗給孩子用，問多怎麼漱口？他想到用這個方法解決，有創意！

「媽媽，他們在做什麼？貼Ｏｋ繃?!那我也要！」竣也來了！

「一人一個！自己貼！」我可以耳朵休息安靜十秒，好奢侈啊！

以上動作從7點做到9點收工，開始出發今日豐富行程！

第一個行程來到阿美族民俗文化館，我們在大太陽底下從停車場走到阿美族民俗文化館時，到了才發現手機放車上。哦買尬！走回去有很長的樓梯要爬，但又一定得去拿，才能拍照。好不容易兩步併一步往上跑終於拿了手機回來，才剛坐下來，要拿錢包買體驗卷，又發現錢包沒錢了。天啊！我又要再兩步併一步往上跑樓梯，再去車上拿

▌ 超長樓梯，我跑了兩趟！

救命錢，啊！好想說髒話啊！我跑回來已經喘吁吁，內衣、內褲都濕了……我怎麼這麼健忘啊……！

接著我還沒有喘完（當然內衣、內褲也不可能乾的狀況下），孩子開始有症頭出來……

亮亮的餅乾掉在地上大哭，一定要我幫他撿，多多幫他撿還拍掉他的手不拿！

「請你自己撿起來，我在前面等你！」亮亮睜著眼繼續放聲大哭。旁邊的香港媒體朋友覺得太可愛了，紛紛蹲下來拍照。謝謝他們尊重我的教法，沒有干預也沒有謾罵^_^

後來看見我離開他的視線，邊跑邊大哭叫媽媽！我牽著他的手跟他說：「我可以陪你走回去，請你自己撿起來！」他才不哭，愛耍脾氣的亮亮……

以前有看過一篇文章，做了懶父母會成就孩子的獨立。

其實我也不是真的懶啦！而是像吃飯、穿衣這樣的自理能力本來就是那年齡的孩子應該學會的，為甚麼要剝奪孩子可以練習

的權益呢？尤其孩子是會把這類事情當成遊戲或是工作來做的，完成後有了成就感、自信心，這都不是課本所能教的！

所以如果騎腳踏車跌倒了，我也相信孩子能站起來手扶著腳踏車，自己拍一拍，就可以開心地往前騎。如果我們一味地幫他扶起來甚至不分青紅皂白地罵：「都是地板的錯，害你受傷了！」我相信孩子無法在遊戲中學習忍受挫折，更無法學習獨立，或是養成自己解決問題的能力。

閉著眼在哭的亮。現在的他是任性地哭，所以冷處理，等他冷靜些再處理！

呇互樂團表演　阿美族文化體驗

今天很期待的行程就是去阿美族文化館認識他們的部落文化以及欣賞非常有名的呇互樂團表演，還有讓孩子體驗竹炮及射箭！

活動即將開始，首先來個刺激的竹炮體驗。

先用電石加水再點燃火把後靠近洞口！

「砰！」

超級超級大聲的竹炮響亮山谷。

我替三隻孩子報名體驗，結果他們一開始被聲音嚇到，我牽著他們的手並不斷鼓勵之下點燃竹炮，才成功體驗竹炮威力！近距離體驗感受竹炮的震撼力，一人五十元，非常值得。

▍竹炮體驗！我很忙！左手幫亮亮搗耳朵，右手拿火把！很忙！

　　旮互樂團表演結束後，我們接著去體驗射箭。一個人三發，八十元。因為孩子都有經驗了，所以不論姿勢或是命中率都大大提升！

　　11點樂團表演開始，老中少的傳承組合更具意義，連3歲小孩都表演得有模有樣，聽他們原住民特有的聲音及音調，真的讓人很享受！阿美族民俗中心是非常值得來的景點，我很欣賞主持人宣揚他們想要把文化傳承下去的理念，只單靠他們力量是很小的，但如果可以結合大家的力量讓阿美族文化能繼續流傳下去，則可以付費參加他們的DIY體驗，以及可以購買他們的樂團CD帶回家欣賞聆聽，現場也可以自由樂捐，一元不嫌少，一百元不嫌多，他們在乎的是你的心意，如果你有來臺東可以帶孩子來認識阿美族文化。

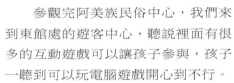

　　參觀完阿美族民俗中心，我們來到東館處的遊客中心，聽說裡面有很多的互動遊戲可以讓孩子參與，孩子一聽到可以玩電腦遊戲開心到不行。

　　我們是沒有讓孩子接觸3C的，當然這一次的環島旅行也沒有看電視、手機、平板。少了一分的誘惑，多了一百分的時間可以去認識不同的文化，不一樣的人事物，這些體驗更能讓孩子學到東西！

　　所以當他們知道可以破例去玩電腦互動遊戲時，可以想像他們是多麼地興奮！而且是超級興奮！每個遊戲都玩了好幾次欲罷不能，不過下一個景點也是我一直很期待要去的，所以就跟小孩子說：「這個遊戲玩好了我們就要離開了。」他們都還滿能溝通的，我們趕緊前往下一個景點。

漁港拍賣新體驗

　　新港漁港（成功漁港）。中午12點漁船慢慢入港開始卸下捕撈的漁獲，下午2點會開始拍賣大型魚貨，有芭蕉旗魚、鯊魚、魟魚、鬼頭刀等等。

　　當你親臨現場看到這麼多大型魚在你面前，有很多工作人員現場直接殺魚分類，我們看得目瞪口呆之外，心裡更加佩服漁民了！

　　現場拍賣時會有拍賣官用一個手勢、一個眼神就可以清楚掌握現場的氣氛及價格高低，前來參與拍賣的商人們個個深藏不露，都是鑑定魚是否新鮮的專家。

新港漁港（成功漁港）

　　成功鎮附近海域因為有黑潮經過，豐沛的漁獲量讓成功漁港成為東部海岸最大的漁港。每年10月旗魚盛產更是受到日本饕客歡迎。遊客來訪一定不能錯過難得有趣的漁獲拍賣及新鮮美味的海鮮料理。

　　特別補充：大型魚拍賣時間為下午2點，會有休市時間，建議要前往可以先打電話詢問。

【地址】臺東縣成功鎮港邊路19號

孩子第一次看見旗魚。　拍賣官正在拍賣。　芭蕉旗魚

▎鯊魚

▎被「皮卡邱」訂走了！

▎用一個尖尖的棒子插入魚的身體裡面，拔出來就會連帶魚肉跟著上來，再把魚肉放在手上捏一捏、聞一聞是否新鮮，再來決定出價金額。

▎謝謝漁民阿北熱心解說

　　我們很好奇地東看西看，遇到不懂的也直接詢問現場漁民大哥，他們人都很好，很樂意說明！很幸運地遇到一個越南籍的大姐告訴我，現在洗的是芭蕉旗魚的肚子，肚子洗一洗、切一切，配著蒜薑蔥爆香後熱炒，她說芭蕉旗魚的肚子是她吃過最好吃、最好吃的魚肚了！我們可以現場買之後再請店家代客熱炒，便推薦了一家「阿桃姐的店」。

　　我們買一條魚肚原本只要八十七元，後來我說你應該沒有錢可以找，我直接給你一百，她又送我們的一些魚雜類內臟，熟門

熟路帶我們去找阿桃姐，代客炒一盤的費
用是一百元。超好吃，真的超級好吃！

「天哪！怎麼這麼好吃，好吃到我
飽了還想吃，我吐了我都想要繼續吃！」
竣竣說得不誇張！

「媽媽！真的超級好吃，好脆喔！
我們太幸運了吧！」暖男多多真的太會
說話了！

芭蕉旗魚的肚子，吃起來就像魚的
軟骨一樣，脆脆的很有口感。大家有機
會一定要嚐嚐這一道。而且一定要來新

| 漁市的越南籍大姐，推薦我們
去找阿桃姐。

港漁港看拍賣，北部很少見的大型魚這裡都有，孩子一定會覺得
很有趣！有吃有看十分滿足。

充實又豐富的滿檔行程　還好媽媽帶著你們來玩

在回程路上經過隆昌部落，看見一群穿著傳統服飾的原住
民，正對著商家表演，所有男士雄糾氣昂、展現出力與美的結
合，我的心會蹦蹦跳！怎麼都這麼帥，只是一個跨馬步，手指揮
交通的動作，我都可以看呆傻笑！

　　欣賞一會兒，錄到想要的美，心滿意足小跳步去買手工麵包。當一顆手工麵包要兩百元時，不手軟付錢，甜滋滋地離開！

　　我愛原住民文化！還有愛看力與美的蹲馬步動作！

　　我需要泡海水讓我降溫一下！

　　接下來我們又去杉原海水浴場去餵魚、泡海水。玩了一會兒要回營地了，因為全身都濕答答，直接脫掉不穿衣，回去車程只有5分鐘的營地，一回到營地就去洗澡，露友看見四隻孩子光溜溜地從車子跑出來衝向浴室都覺得可愛有趣（阿母是真的懶……可以少洗一套衣服）！

　　晚餐我們外出去附近的特選海產吃，滿好吃的，曼波魚肉好Q彈好吃^_^

　　今天的行程滿檔，孩子玩得開心，媽媽也學到些知識。雖然行程是北返玩樂，但很慶幸自己有帶孩子來。

杉原海水裕場

　　臺東縣境內唯一的海水浴場，有平緩的大片沙灘，水質清澈可以飽覽水中世界之美。南北兩端有珊瑚礁分布，適合浮潛、觀賞潮間帶的豐富生態。

【地址】臺東縣卑南鄉11號省道158K處

◇掃描 QRcode 看 2468，
後面還有更多精采影片喔！

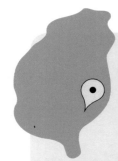

DAY 15
池上光雕音樂會
隨著音樂搖擺

花了這麼多交通時間，
一切都是值得的

▌這次旅遊他們越來越會照顧、陪伴亮亮了！

賴馬繪本館→豐源國小→

池上小雄 72 號手作坊露營區搭帳→

池上熱氣球光雕音樂會

環島營地第六站，池上小雄72號手作坊露營區

以前買過一本賴馬的繪本，名叫《啪啦啪啦山的妖怪》。賴馬的畫風很細膩，甚至有些故事段落、對話有著濃厚的臺灣人情味的語言。

去年萬聖節剛好講到妖怪，為了要符合節慶的氛圍，所以選了賴馬的這本繪本，搭配我自己的積木教學串連成一小時的萬聖節活動。當我唸出故事時，上課的孩子時而聽得目不轉睛，時而抱著肚子大笑！最後才發現原來啪啦啪啦山沒有妖怪，只是影子作祟而已……賴馬的繪本就有如此魔力，像妖怪般吸取孩子的目光。

早上從小野柳收帳完畢後，帶孩子來賴馬繪本館朝聖。孩子們看了好多繪本、蓋印章、玩微笑小鱷，我自己則買了一本萬用手冊、勇敢小火車繪本、桌遊一副，繪本館還特別送了：小貼紙、紙膠帶，待在這兩個多小時，收穫滿滿！

接著再去豐源國小拍照，發現賴馬的畫出現在校園裡，我們當作尋寶拍照留念。

上午行程主要是消耗孩子們的體力，開車前往池上約一個多小時當作午睡，這樣晚上才有體力去看光雕音樂會！在車上我一樣聽著孫燕姿的神曲以及狂吃超涼口香糖提神。

來到小雄72號營地，打聲招呼後，不管太陽有多炙熱、身體已經有些疲倦，也要趁亮亮還在睡時快快搭帳！才剛搭好，亮亮就醒來了，完全無縫接軌繼續照顧孩子！真是時間算得剛剛好！我覺得有點快靈魂出竅的fu，正在煩惱晚餐要去哪買時，營主兒子明偉邀請我們共吃晚餐，太幸運了！

▎ 晚餐謝謝營主兒子明偉招待^_^有讓我補充體力

熱氣球嘉年華　光雕音樂會真的好好看

　　明偉炒米粉、絲瓜招待當作晚餐，快速吃三四碗補充體力，繼續帶著孩子散步至大波池看光雕音樂會。我們邊走邊讓孩子認識路旁的農作物：苦瓜、葡萄，耕田機正在整理田地，白鷺鷥跟在後面吃小蟲。看見農夫正在路旁聊天，點頭打招呼後東問西問，原來村裡水溝水是從山上引來的，因為山上下雨，水溝水變得混濁，水深不要下去玩水！

　　原本十五分鐘的路途，我們走了四十分鐘^_^

▌洗衣服的地方。以前我小時候真的和姐姐拿著全家共九人的衣服，
　來到小水溝洗衣服，好懷念喔！

　　我們一路上說故事、掰故事，開心地玩影子遊戲，沒有人因為疲倦而感到不舒服，孩子都開心地當作出遊冒險，亮自己走路沒有抱！

　　到達會場後，我們聽著樂團唱歌的聲音，有時跟著拍打節奏，有時開心跟著哼唱，看著前方利用光束及噴火照亮熱氣球，好夢幻喔！

　　之後快離開的時候，8很想要再留下來聽幾首歌，所以特地走到樂團表演的舞臺處，近距離看著他們唱歌表演，唱著宮崎駿的《龍貓》等電影主題曲，我們身體隨著音樂搖擺、拍手、哼唱，好享受當下！

　　從高雄來的姐姐們，看見我完全沒有帶孩子的疲倦不耐感（因為看到我聽著《流星花園》主題曲〈情非得已〉，當時腦海就是道明寺的畫面，就很融入並大聲哼唱），知道我一打四帶孩子旅行覺得太厲害充滿佩服。尤其她說：我是開心地帶孩子，真的很難得！

　　當下自己聽了也覺得好開心，因為想起來的確如此。帶孩子來光雕音樂會真的不輕鬆，人多更要小心孩子們的安全，我自己也從中找方法放鬆自己補充體力，滿能自得其樂，也會帶著孩子一起High，去融入音樂會的氣氛裡，覺得好快樂喔！

　　　　主持人邊說著原住民笑話：
　　　　「怎麼樣可以讓牙齒變得更白？」
　　　　「曬黑一點就可以讓牙齒變白！」

　　會場還有小吃可以填飽肚子，滿滿二小時光雕投射在熱氣球會場的絢麗燈光，光雕音樂會真的好看^_^

　　回程因為擔心孩子的體力及腳力，說了彼得潘的故事，大家一起掰一起說，四十分鐘的路途很快就走回營地了！

　　天啊！我和孩子做到了！

來回各四十分鐘的腳程，加上他們都很喜歡看音樂會，所以每個人都是開心、滿足的！

沒有盧小小、沒有人哭，更沒有人抱怨不滿！

我們熱氣球旅行全收集到了！

早晨、傍晚、光雕音樂會，我們都看見了！！

為了能參與有意義的活動，海線山線來回跑、北部南部上下跑，花了較多交通時間，最後的成果是豐碩甜美的，太值得來了！

▌回程的路上大家互相打氣！

臺灣國際熱氣球嘉年華光雕音樂會 池上大波池場次

【地址】池上大波池
【官網】http://balloontaiwan.taitung. gov.tw/zh-tw

賴馬繪本館

臺灣兒童界的知名繪本作家,在臺東的舊鐵路步道旁開了一間「賴馬繪本館」。舒適的空間裡,展示著作家賴馬的創作原畫、草圖以及各個時期的插畫作品。

【地址】950臺東縣臺東市開封街680巷
【電話】08-9322237
【FB臉書】https://www.facebook.com/laima0619/
【營業時間】週五、週六、週日、寒暑假期間及國定假日之上午9:30至下午6:00。
【休館時間】非連續假期之週一至週四固定休館。

池上──小雄 72 號露營 × 手作坊

小雄72號手作坊營地都是很好下營釘的草地為主。

我很喜歡它周遭的景點,我們會租個腳踏車去大坡池、金城武樹附近走走,微風徐徐吹來讓人很享受、很想要睡覺^^

旁邊還有超有名的池上豆皮店,每到早上都有好多遊客前來排隊,來這露營的露友也許可以請營主媽媽協助購買會比較快喔!

重點是營主一家都很熱情!剛到營地的時候,我詢問哪裡可以買晚餐,營主直接說晚餐可以跟他們共食。聽了好感動啊!而且連早餐有多的都會給孩子吃,真的是讓我省了很多採買的時間。

【地址】958臺東縣池上鄉大埔村7鄰大埔72號
【電話】0982-381-311
【FB臉書】https://www.facebook.com/basic823/

DAY 16
即將結束花東 17 天的旅行

隨遇而安
不管甚麼情況我們都全力享受

臺東祕境露營區

【地址】臺東縣卑南鄉泰安村293-1號
【電話】0905 367538
【FB臉書】https://www.facebook.com/campfu/

這次紮營的區塊全是草地，好紮營。營區的廁所乾淨而且還有木頭香^^
晚上可以看到臺東市的夜景，真的好美喔！坐擁無敵百萬夜景及海景的熱門露營區，寬闊的視野位置，可將臺東市景一覽無遺，周邊旅遊景點豐富：知本溫泉、初鹿牧場、杉原海灣、富岡漁港、琵琶湖、鹿野高臺……，到臺東市區也只要約二十分鐘車程，同時享受美景又方便的營區選擇。

▌每日早上的例行公事：畫圖日記。

▌正在吵架的兩個人，竟然都堅持自己的說法，一直拌嘴，那就抱著討論溝通，不到二分鐘和好繼續玩。

今天也用單車來結束花東最後旅行

　　早上很快速地收帳後，正中午時間我們又去騎腳踏車！！路線沿著大坡池一整圈，再繞到金城武樹後返回。我覺得有神明保佑我，因為才剛騎，多多無法駕馭腳踏車，孩子又看見四人座電動車，改口說要騎電動的，謝謝臺東的眾神明啊！讓我可以保留體力去祕境搭帳，又能輕鬆遊大坡池、伯朗大道、金城武樹，沿途還看見遠方的山谷下著雨瀑，隔壁的天空像開了一扇窗戶，跟孩子說：神明或是阿po（按：在天上的奶奶。），會從這扇窗戶看我們在玩甚麼喔！

　　「阿po！我好想你喔！」娃娃對著天空窗戶說話；

　　「我還記得阿po！我也好想阿po！」竣也對天空說話；

▎營主奶奶送超甜火龍果　還有謝謝明偉幫我們調整腳踏車^_^

「媽媽也很想，所以你們更要像阿po說的：開心是一天、不開心也是一天，當然要好好把握，開心地過每一天！」

「你們看！有插秧機耶，它有機器手臂，抓著一小撮的秧苗往土裡種。」

孩子因為插秧機而轉移了難過想念的情緒！

騎了兩個小時的腳踏車後，我們離開了孩子的玩樂天堂：小雄72號露營手作坊。

謝謝明偉一家人的照顧，還特別送一個手作鑰匙圈，真的非常有質感，謝謝你們^_^！我們會再來拜訪的！

花東旅行最後一個露營地第八站：臺東祕境

原定從池上直接開車去墾丁，但車程至少要三小時，這時間對孩子與我來說，是很有挑戰而且辛苦的，所以聽了朋友的話，一定要在中間停留一個點稍作休息再繼續走南迴。

這次選在臺東祕境，露友評價都很高，所以來朝聖^_^

往祕境的路上，買了關山便當及豬血湯當晚餐。四點營地，也是趁著孩子在車上午睡，一下車也沒休息就趕緊搭帳。

第一次大雨中搭帳，咻咻咻快速搭好！

冒雨搭帳　激發媽媽潛力

　　眼看臺東市籠罩在下著大雨的厚重雲層裡，馬不停歇地鋪上地墊、內帳，趕緊架起支架，忽然一陣大風吹來，差點把內帳當風箏吹，幸好營主幫我拉著一角。二話不說，我立刻手刀右手拿鐵鎚、左手拿大黑釘，咚咚咚地往土裡猛力敲下，再快跑到另一邊鎚下大黑釘。雨越下越大顆，我繼續搭外帳。

　　拉好繩，營主叫我先去躲雨，我轉身至車上穿上雨衣，再告訴營主：「我要趁孩子在午睡的時間快快搭好，不然等下孩子醒來，要照顧孩子就無法搭帳了，你快去躲雨，我可以自己來！」此時，雨很像用倒的，連隔壁露友的天幕都塌了。我還是用最快速度搭好帳，再撐著雨傘將孩子一個一個接到帳篷內玩！

　　我真的好慶幸在賴馬繪本館買了桌遊。外面下大雨，我們仍在裡面玩到哈哈大笑、吱吱叫，孩子也利用棉被玩起搖籃遊戲，竣娃站兩邊，手抓棉被，多亮躺棉被裡，當搖籃搖搖搖。

　　雖然我們的活動空間就只有內帳300*300cm的空間，五個人一起待在裡面玩，孩子發揮創造力獨創遊戲，也玩得很開心！

　　沒有搭桌椅，就用防水塑膠袋鋪在有些積水的草地上，晚餐放在上面，我在內帳一口一口餵著孩子吃飯，也是滿足吃飽飽！

多第一次玩輸在生悶氣，看我們繼續要玩時，又開心地過來一起玩。第二次玩輸了，還說：我輸了沒有哭喔！

　　孩子很能適應這樣的狀況，因為有我陪著他們玩，到哪都好玩！

　　雨下了約兩小時後漸緩，臺東市變得好清澈乾淨，真的像寶石一直閃閃發亮，好捨不得離開花東，這次來除了今天遇到下雨，冒雨搭帳外，其餘都是晴朗炎熱好天氣。很感謝天公伯來個午後雷陣雨，讓大家都涼爽不少，營地的草皮也因此喝了很多水，我的經驗值也多了雨中手刀搭帳，這是很難忘的美好回憶。

　　十七天的花東露營仍覺得不夠，也許明年就直接規劃一個月長住了^_^

現在搭帳越來越簡便

桌椅天幕都懶得拿出來搭

明年考慮寒暑假都停課

帶著孩子環島跳島旅行

DAY 17

驚險南迴公路

車程奔波的一天

烏龍國小

【地址】932屏東縣新園鄉南興路217號

【電話】08-832-5896

烏龍國小露營須事先聯絡學校相關人員。

南迴公路→

屏東新園鄉烏龍國小紮營

早上9點多從臺東祕境出發，先到「全家」補貨：兩杯咖啡、零食、早餐、飲料全備好，準備開南迴，開到屏東新園鄉已經下午2點半了！

驚險的事情是這樣發生的……

我們平安順利地從臺東走南迴公路抵達屏東新園鄉了！

早上趁沒有下雨，咻咻咻快速收帳，趕緊出發走南迴，沒想到遇到不要命搶快的車子。我已經在外線道，竟然有車子要從右邊超車，差幾公分就攔腰撞上，幸好雙方趕緊減速，他緊急煞車……當下被嚇到，心臟停一秒，腳瞬間腿軟、嘴裡罵著：「神經病啊！太誇張了！」

「神經病！」多多也跟著罵！「病！」亮亮也不甘示弱罵著！

　　不到一分鐘的時間又發生有車子要過彎，彎的幅度太大，車頭要回正時，差點撞到左前輪，我雙手緊握方向盤往右開、嘴裡繼續罵著：「╳的！這些人是不要命了是不是！」

　　「媽媽！不要說╳的，不好聽！」竣幫我提醒。

　　「我剛剛有說嗎？」

　　「有啊，說╳的！」

　　「對不起……謝謝你提醒我！」

　　從早上9點多開到下午2點，中間在枋山停留一下找今晚入住營地，終於有間學校肯收留我們了！

　　感動！我可以曬帳，有地方睡，明天可以安心出發至小琉球玩了^_^

　　我安全走完南迴！

　　大成功^_^

2468很能適應任何地方

　　到了烏龍國小，我趁著亮亮還在車上午睡，趕緊曬帳、搭帳、洗衣服、晾衣服！

四隻猴子

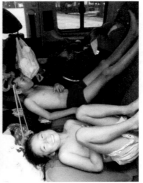

在操場玩得太熱，來車上脫衣吹冷氣。好享受！（不要吵醒2、4喔）

不誇張！剛弄完，亮醒來了……

我才剛開完南迴就繼續做事、繼續無縫接軌照顧這些猴子們！

我又有靈魂出竅的 fu 了……

值得推薦烏龍國小紮營，學校每個教職員都很親切，除了免費外，還可以使用水電、衛浴設備，孩子可以從早玩到晚上，晚上還有很多當地人來運動，外面就有賣吃的，是非常方便的地方，超值得再來玩！

2找了好幾隻馬陸當成寶來照顧！

平常在家都習慣睡硬地板，來學校中廊搭帳，懶得用睡墊，只放個草蓆就睡了，有訓練有差喔^_^

很能適應任何一個地方，大家都能睡好^_^

◇掃描 QRcode 看 2468，後面還有更多精采影片喔！

4照顧2，幫他推！

DAY 18

跳島去小琉球
趴趴走

三天兩夜　跳島趴趴走

琉球好民宿

【地址】929屏東縣琉球鄉中山路231號

【電話】0930-949-053

為琉球最早期開設民宿的店家。雖設備老舊些，但地處熱鬧商圈且臨碼頭走路只需五分鐘腳程，費用便宜、環境乾淨，對有預算考量的旅人來說是很值得來的民宿。

東港搭船→琉球好民宿→阿對麵店→

芒果冰→鄭家香腸→花瓶岩→

潮間帶→夜觀

帶著憨膽，2468＋四寶媽來啦！

我們終於來小琉球啦！竣好期待，我也是！

之前曾看積木課的家長分享照片，海龜離他們好近。

我也好想親自看看海龜悠遊自在游泳的樣子，因為這個原因，就決定這趟環島旅行要帶著2468搭船來小琉球。

早上我們到達碼頭準備搭船。2468一上船又好奇又興奮，發現最前面的位置沒有人坐，趕緊坐過去，大家坐穩開心吃餅乾。

船正要開！船身上上下下起伏很大！

「媽媽！我的心臟好痛……」竣還可以笑笑說話。

「媽媽……肚子好痛……」娃娃開始不舒服。

多、亮正開心吃零食！

「嘔……嘔……嘔……」隔壁阿姨忍不住了……。

「啊……啊……啊……」前面大姐手扶著頭說不出話。

「肚子好痛……」娃娃肚子緊緊的，隨著船晃動更不舒服。

我聽著嘔嘔聲和啊啊聲……覺得我也快反胃了……。

四寶媽帶著2468，帶著憨膽跑來小琉球了！

原來最前面最晃、最暈……

下船，走在烈日下，我們將所有行李放在推車上，每個人都揹著包包走路去民宿。出發前花了些時間，找到平價的民宿，三天兩夜含船票四千八百元。因為無法騎摩托車載2468，所以三天兩夜以花瓶岩及市區為主，明天再去搭環島觀光巴士認識小琉球。稍作休息之後約10點多，我們到市區走走吃飯。很幸運都不用排隊，阿對麵店所有員工看見我獨自帶2468來小琉球覺得太厲害了，還特別進來跟我們聊天。口味偏甜，我們喜歡，明天想再去吃^_^

▍阿對麵店好吃！

▍媽媽牽著你們的手，陪你們度過開心童年。

阿對麵店

【地址】929屏東縣琉球鄉民生路36號
【電話】08 8614290
【營業時間】10:30-19:30

花瓶岩玩水　夜訪小琉球

　　中午讓孩子小睡，4點我們散步去花瓶岩玩水。花瓶岩周圍是淺灘，所以可以安心得玩水。很多遊客都會選擇來這浮潛，但我們決定今天先玩水、游泳泡過癮，預計明早再過來浮潛，好期待看見海龜啊！

　　就在買晚餐時，竟然雷電交加，不到十分鐘時間，啪嗒啪嗒，超大顆雨滴滴答答下著，風再一吹！會冷內……

　　買好晚餐、泡麵，我們就在大雨中開心走回民宿，全身淋得濕答答的也覺得好好玩，亮亮用小手接雨水，當地阿嬤看見直說：「阿娘喂！！」

　　今天我一直聽見：

　　「阿娘喂！生這麼多個！」
　　「阿娘喂！一個帶四個孩子來小琉球！」
　　「真的阿娘喂！」

　　小琉球的居民都好可愛喔！

　　晚上 8 點預約包車的司機帶我們去夜訪小琉球、潮間帶導覽，品質真的超級好。在車上芋冰大哥說故事講歷史，下車就聽

帶隊老師的夜觀及潮間帶導覽，我不用自己開車、走路，有專人
服務、詳細介紹，兩小時活動我家五口收費一千三百元，覺得好
值得！

　　日記寫到這裡……已經11點了，孩子一個一個累得熟睡，自
己也靠意志力報平安、寫日記，環島十八天跳島旅行，遇到很多
熱情的居民、熱心的遊客，讓我們的旅行添增美妙回憶。

海の家貝殼海藻冰

【地址】929屏東縣琉球鄉民生路61號

鄭記香腸

【地址】929屏東縣琉球鄉中山路204號
【營業時間】07:00-21:00

DAY 19
花瓶岩浮潛
去看大海龜
小琉球浮潛初體驗

小琉球月香浮潛

【地址】929屏東縣琉球鄉中山路27-2號
【電話】08-861-1179
【FB臉書】https://www.facebook.com/yuesiang/

花瓶岩

【地址】929屏東縣琉球鄉花瓶岩

花瓶岩（或稱花瓶石）是小琉球最著名的地標，鄰近港邊海岸邊，珊瑚礁岩隨著太陽光影移動與季節更迭也會展現不同的風貌。在花瓶岩周圍，還可以看見海面下新形成的珊瑚裙礁，遊客可以在此浮潛、玩水，飽覽珊瑚裙礁的美麗及近距離觀賞海龜等海洋生態。

花瓶岩浮潛→玻璃船→市區午餐→

民宿休息→花瓶岩看海龜→

晚餐

▌清晨的小琉球漁港，很寧靜！（到哪都要洗衣服、曬衣服）

▌起床號：卡通！原本熟睡的他們，只要一聽到電視的聲音，可以馬上起床不喊累、不盧小小，超級好笑！

2468相遇大海龜

　　最、最、最期待去浮潛看大海龜了啦！民宿老闆娘很好心地幫我們找到一間可以接送服務、願意帶2一起下海的月香浮潛，我們只要在民宿等浮潛公司來接我們就可以！

　　到了公司，換好裝備，繼續坐著鐵牛車往花瓶岩出發，教練是個陽光型男人，細心地協助2468整理裝備。2、4穿著救生衣套上泳圈，6、8穿著救生衣及菜瓜布鞋拉著泳圈，教練就拉著我們五人出發去外海一點點的海域，我們戴著蛙鏡往海裡看，海底世界真的很湛藍、好美！

　　「教練！請問今天可以看到海龜嗎？」我太期待了！

　　「可以喔！」教練即將帶我們去看海龜！

　　「快看！前面有隻大海龜在吃海藻！」教練指示。

　　「媽媽，超級大隻！」468好興奮，2一樣下巴靠著泳圈放空！

　　看見體長跟我差不多大的海龜，就在我腳下約三十公分距離，慢游自在地吃海藻，第一次近距離看見綠蠵龜，我已經分不出是海水還是淚水了！。

　　在浮潛的過程中，除了2要適應一下海水溫度及深度，會撒嬌叫媽媽之外，468很獨立又專心，頭低低看著海裡游泳的魚，看見了：尼莫、多莉、刀疤老大魚、3隻超大海龜、2隻小海龜、一隻中海龜，當然還有非常多的熱帶魚，浮潛真的會愛上。

　　浮潛後，老闆很驕傲地跟遊客說：「我們破紀錄了，第一次帶兩歲孩子去浮潛！」

　　當地人看見2也跟著浮潛都直說：「阿娘喂！」

　　因為基本上兩歲幼兒是不能參加的，除了擔心危險，也要擔心孩子情緒問題！

　　其實2第二次下水的時候有明顯情緒不穩的情況出現，而我也必須要一直安撫他的情緒來轉移他的注意力，像發生這種情況時，教練多少會擔心影響到團體上課，所以大多數店家是不會讓這麼年幼的孩子下海浮潛。還有一個原因就是大多數店家是沒有提供2這年齡該有的裝備，如：防寒衣、菜瓜布鞋、救生衣、蛙鏡（其實市面上也很難買到），這也是店家無法讓兩歲左右的幼兒浮潛的原因。因為我知道2喜歡水，只是怕踩不到地，只要我在身邊牽著他的手給他安全感，大多時候他是可以安靜下來的，我也能趕緊趁這時間頭低往海裡看熱帶魚及海龜。

▌第一次下水的2因為陽光很刺眼，而他也只能趴在游泳圈上看著海面消磨時間，照片中的他看起來很悠閒^^

　　太想把握帶孩子在小琉球浮潛的機會，再次跟老闆預約明天體驗，但他卻面有難色地說：現在是旅遊旺季，要專程開車載我們去穿脫裝備，再帶去潮間帶花瓶岩，結束再帶我們回旅舍，排出時間載我們。

　　我說：「我們可以自己走路來花瓶岩，你們幫我帶裝備就可以！」老闆才同意讓我們明天早上再來玩一次！

　　幸好2468平常就是冒險王，水性好，不怕水，有過浮潛及溯溪的經驗，加上媽媽心臟夠大顆且了解自己的孩子是可以輕鬆完成，才能讓我們有愉快的浮潛回憶。

　　我們從民宿散步至碼頭搭乘玻璃船，亮亮在浮潛主要都是趴在游泳池上放空，無法看見海裡生物。坐玻璃船他就能一起看見海龜、熱帶魚在游泳，坐在船底看著海底。

　　很特別的經驗^_^

小琉球的居民都好熱情、好親切

　　繼續我們的環島行程。走到碼頭上面要搭環島巴士，正當我們詢問上車處對面的麻花捲商家有關搭車的問題，一個慈祥親切的阿嬤看見我及2468，馬上就駝著背站起來說：「阿娘喂！怎麼這麼多孩子，快！就在對面坐車，日頭就恰，阿嬤等下拿涼的請你們喝！」（用臺語發音更能感受到那份純樸阿嬤疼孫的心）

　　當我們走到對面休息等車時，阿嬤駝著背，手拿著自煮的鳳梨汁請孩子喝，並用溫柔又慈祥的眼神看著孩子，喝完後阿嬤直接帶著空瓶回店裡。

　　就在我們等待三十分鐘，車都還沒來時，阿嬤又帶著養樂多及奶茶請孩子喝，當阿嬤轉身要回去時，我真的感動到眼眶濕……想起我的阿嬤也跟她一樣這麼疼孫子，不顧身體病痛只想拿涼的給孫子喝，旅行中最美的風景真的就是人。

　　後來又等了三十分鐘車子還是沒來，打電話詢問才知道原來是車子壞了，停駛一天……雖然覺得那ㄟ安內不公告，但想想也覺得幸好我們有來等，才能遇見這麼慈祥疼孫的阿嬤^_^

▌等待搭巴士過程中拿出法寶鎮住猴子。

▌等待一小時過程中，孩子自己找樂子。

謝謝琉球寶烘焙麻花捲阿嬤看我們等公車時，請我們喝涼、吃小點心！

每天我們一定會去鄭家香腸找阿嬤買飲品、香腸。

一路慢慢散步回民宿，一直收到驚訝、讚嘆、阿娘喂的表情！然後還收到麻花捲老闆送給2468的小禮物。

鄭記香腸的阿嬤對我們超好，也很懂孩子心裡想法，告知2468一人可以玩一次打彈珠，4要玩時，8就想幫忙，阿嬤就說：「你讓他自己玩，才不會生氣。」阿嬤好懂哦，2468都乖乖聽話排隊打彈珠^_^

哪裡好吃問他們準沒錯！今天晚餐就是他們及芋冰大哥推薦的「夏味鮮」，真的便宜又好吃！我們點了五菜一湯一千元，全吃光光！酥炸鬼頭刀超級好吃啊！炒螺肉大顆、新鮮！超級推薦^_^

今天都是散步逛大街,我覺得
好處多多,因為可以隨時停下來跟
當地人聊天,了解更多小琉球的歷
史或是美食推薦,小琉球的居民都
好親切哦^_^

▌ 巧遇神明在看歌仔戲!孩子也看得好專心!

藍鯨號觀光環島船半潛艇

觀光潛水是經過特殊打造,將船身的下方設計成半潛艇的模式,上
方仍保留甲板、下方的氣密式空間,在船身側端設計透明窗,讓遊客可
直視海中的千奇百怪的海底生物、五彩繽紛的熱帶魚及珊瑚,體驗這海
底的奧妙。

【地址】白沙尾觀光碼頭旁

琉球寶烘焙麻花捲

【地址】929屏東縣琉球鄉觀光港路底左邊

夏味鮮

【地址】929屏東縣琉球鄉民生路35-3號

吳家紅茶冰

我們的旅遊中心之一(請點播:〈感恩的心〉)

【地址】929屏東縣琉球鄉本福村民生路49號
(白沙7-11商店旁)

DAY 20
小琉球三天兩夜
感謝巡禮
好捨不得充滿人情味的小琉球

環島觀光巴士 KBUS 公車

【官網】http://www.kbus.com.tw/bus_info.asp?id=131

來小琉球除了可以租摩托車之外，也可以選擇環島觀光巴士。環繞整個小琉球一周，共停靠二十一站小琉球觀光景點，可以搭公車吹冷氣，輕鬆環島看海景。遊客遇到想要停留的景點也可以下車走訪暢遊。

花瓶岩浮潛→感謝巡禮→夏味鮮午餐→

找慈祥阿嬤說謝謝→環島觀光巴士→

搭船回東港

　　早上6點半，卡通起床號再度響起！原本想賴床、想哇哇叫的2468，一聽見卡通聲音，馬上停止哭泣、睜大雙眼、身體成僵硬狀，眼睛直直看前方電視，任由我擺布！

　　「來！脫衣服、穿泳衣，等下去找大海龜！」

　　2468眼睛繼續直直定住，身體呈僵硬狀……

　　「不動作，電視關掉，穿好再看！」

　　2468身體漸軟，開始有動作，慢慢穿上衣服，但眼睛仍繼續看著電視！

　　準備好要去浮潛的東西後，我們來到鄭家香腸對面的傳統早餐店報到，說「阿娘喂」最多次的阿姨就是早餐店的老闆娘了，為人豪爽、可愛，她還多送兩條招牌早餐請我們吃，揪甘心啦^_^

小琉球的阿姨好大方、好客

　　我特地提早出發買好早餐，帶著孩子散步至花瓶岩旁的涼亭，吹風看海、欣賞海龜吃海藻，多麼愜意的早晨時光！之後帶孩子先去花瓶岩玩水、游泳，等教練來上課。

　　早晨的花瓶岩好寧靜、空氣好清新，我也跟著2468一起泡著溫暖的海水，欣賞蔚藍天空及湛藍海洋。

　　再一次為孩子安排月香浮潛，這次多了露友芳的兩個孩子，帥氣、專業的教練帶著我們總共七人再次前往海裡尋找海龜，當我往後看孩子們全都頭潛到海裡專心看海底世界時，內心無比感動！

　　謝謝教練這次特別為我們免費延長浮潛時間，浮潛完孩子仍意猶未盡，4哭著想再看魚，8不想要起來，浮潛就是會讓人上癮！月香浮潛老闆不計成本就是要讓大家玩得開心。

　　之後回民宿盥洗退房後，帶著所有行李牽著孩子，我們再次回到市區想跟照顧我們的阿嬤及店家們說聲謝謝，好可惜，剛好他們都不在……

　　幸運地遇到一個賣麻花捲的店家，老闆娘看見我們要離開了，趕緊招呼我們過去，並送一包麻花捲給孩子，還說：「這幾天阿姨一直看你們走來走去，好喜歡你們，也覺得好開心，請你們吃麻花捲！」，我要急著付錢，但老闆娘堅持不收還說明年來玩時，記得來找她！

人情味滿到海邊的小琉球！

超級阿莎力

午餐我們又來「夏味鮮」報到，因為我好喜歡他們的味道，一想到要明年才能吃得到，一定要再回味滿足口慾。老闆娘超級好，一千多元的費用直接算一千元。

男人好 Man 好貼心！

用完午餐，我們繼續帶著全部行李浩浩蕩蕩往環島巴士走去，在過程中，有個往上走的長樓梯約二十階，我和竣無法抬上去，請坐在旁邊聊天的大哥幫忙，沒想到這位大哥霸氣地說：「這四個都是妳的？妳一個人帶四個？阿內挖來丟好！」一個人抬著至少五十公斤重的行李和推車一階一階走上去，還叮嚀孩子要慢慢走喔！

阿嬤好懂孩子心，一招見效停止哭泣！

之後我們趕緊快走到環島巴士搭車處，慈祥阿嬤看見我們又拿出奶茶、養樂多、吐司請2468吃，2最後一口養樂多很寶貝地捨不得喝，我以為他不喝，一手拿起仰頭喝乾，沒想到2氣到哭＋甩手＋跺腳，他這麼寶貝的最後一口竟然被我喝掉，阿嬤見狀趕緊又去拿冰箱裡的最後一罐養樂多給2，2才停止哭泣，滿足喝乾淨（一口都沒剩）！

▌謝謝友利擔仔麵老闆請吃燒烤及有名的黑白切，真的好好吃喔！

個個都是專業嚮導

我們終於坐到環島巴士，幾乎就是包車概念進行環島導覽，到特別的景點時，司機大哥都能直接做詳細介紹，一路上親眼看見全臺灣唯一珊瑚礁所組成的小琉球，真的好美！

帶著2468挑戰三天兩夜跳島小琉球旅行，實際用心去感受小琉球人與景的美，因為有深刻感動，所以我們都很期待明年再來小琉球做深度旅行^_^

謝謝小琉球所有長輩們，明年我們再去聽你們說：「阿娘喂！」

今晚則入住臺南好友黃家民宿，包吃包住，還可以免費使用洗衣機，洗了二三十件衣服，幸好臺南天氣好，早上可以收乾^_^

友利擔仔麵

【地址】702臺南市臺南市中西區大同路二段156號

【電話】06-214-0821

DAY 21

臺南好友敘舊

孩子的適應力其實超乎你想像

雲林晃陽綠能園區

【地址】638雲林縣麥寮鄉興華村興華路32號

【電話】05-693-8238

【官網】http://www.solarfarm.com.tw

【FB臉書】https://www.facebook.com/solarfarm201209

全亞洲首座寓教於樂的太陽能休閒農場，讓在地農民，尤其是返鄉青年，一同投入安心農業、能源教育、健康飲食，共同追求「友善土地，環保耕種」之目標，將綠能環保、安心健康飲食介紹給大家，可以藉由各種體驗課程：蟋蟀生態體驗、農場採收、DIY體驗等等，透過五感記憶認識我們的土地。

巴克禮公園→帶竣看醫生→新營找祈昌→玉井有間冰舖→

玉井蔬果批發中心→玄空法寺賞奇珍異石餵魚→

雲林晃陽綠能園區→廟口炭烤吃鱷魚腳

臺南親子一日遊：巴克禮公園、玉井批發市場、玄空法寺

早上和好友巧棟帶孩子去巴克禮公園野餐，這裡有好多小松鼠，不怕生人地在你附近蹦蹦跳，找掉落的核果吃，亮亮一下子追麻雀、一下子找小松鼠，很自得其樂。

真的要謝謝巧棟提供家裡一間房間讓我們可以安穩休息一晚^^

待了半小時我就要趕緊北上找露友祈昌。

說到祈昌，他跟昨天的顏大哥一樣都是露營社團所認識，自從環島開始，兩位都很關心我們的安全，時時鼓勵，所以當見面時也沒有所謂的拘謹，反而可以很自在地聊天，能在不同領域、興趣中多了朋友，很知足！

祈昌準備了有名的鱔魚麵，第一次吃，甜甜的很特別！接著帶我們去玉井吃芒果冰，我也是算第一次停留在玉井，第一次吃到正港芒果冰，天啊，真的超好吃！芒果好甜喔，煉乳免費加到飽耶，超級大方的！

又去玉井批發市場買了新鮮芒果及芒果乾。以前我有買過芒果乾，結果2468發現都吵著要吃，我都只能吃一片小口品嚐，吃不過癮……這次我直接買一千元，我要大口大口吃，不怕被他們吃完。一到車上拿出芒果乾給他們看，結果五人開心尖叫好幾秒，然後大口大口吃，吃完還有半包，好爽啊！

接著又去玄空法寺，有超級高聳的鐘乳石、樹化石，寺裡的每一處造景都非常漂亮，還有超大隻的烏鰡可以餵食，這裡很適合來走走看看打開眼界。

　　我們在花蓮的月洞，排了很久才看見黑黑又看不清楚的鐘乳石，沒想到來這裡好幾個高大雄偉的鐘乳石就呈現在眼前，好震撼喔！

　　因為時間關係我們無法停留太久，趕緊趁太陽未下山前到雲林晁陽綠能園區搭帳，路途中夕陽好美啊！像是鼓勵我不能睡著要專心開車，加上孩子們都沒睡，自己在編故事，聽他們聊天說故事，給了我精神食糧，我才能平安抵達園區。

　　會選擇來這裡主要是大學社團最好的夥伴阿亮在這服務，所以選擇雲林當中繼站，還可以找阿亮打屁聊天一下^_^

看到石頭、斜坡就是一定要爬！

大智山　玄空法寺

　　位於臺南市楠西區，園區廣大沿途種植的五葉松讓這充滿清幽的自然美，加上各式奇木雅石及鐘乳石等景觀，還曾獲得臺灣宗教百景網路票選人氣景觀第一名。

【地址】715臺南市楠西區中華路270號
【電話】06-575-1455

吃過鱷魚腳嗎？旅行就是會有新體驗！

晚餐阿亮帶我們去附近店家「廟口熱炒」吃飯，他點了些我平常不會點的：三杯田雞、鱷魚腳。

對！沒看錯，就是鱷魚腳！！

就像豬腳這樣料理，一隻完整的鱷魚腳擺在桌上，哇勒，雞皮疙瘩都起來了……！

我吃到牠的皮，帶有小小片的鱗片，肉非常扎實Q彈，吃起來有點像雞腿肉。

我有吃，但一看見鱷魚腳以及想起牠的長相，還是怕怕的……不過我還是很開心第一次吃到鱷魚肉，老實説，是好吃的喔^_^

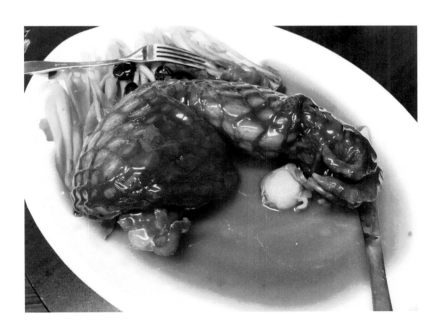

不只隨遇而安　孩子的適應力是很強的

　　回到園區，我沒有在露營區搭帳，而是選擇在會議廳搭帳，有明亮照明、電風扇、衛浴設備。我只要搭內帳、涼蓆，就能輕裝露營，超級方便啊！

　　說到露營裝備，其實露到最後，有些浪漫氣氛的想法及布置全都免了，很多東西如桌子、充氣床墊都懶得從車上拿下來，只求一個快速搭帳、睡覺、收帳的概念！甚至我的車子從阿爸第三天回去上班後都呈現是垃圾車的狀態！

　　反正有地方睡、大家的位置都可以坐、安全帶繫得上、跌倒沒大礙、玩水滅頂自己走上來，全身髒兮兮但外面下超大雨，我因為雨中搭帳淋濕，懶得再出帳篷帶著孩子一起去洗澡，乾脆做仙一次、洗衣服有過水就好、沒有用床墊，直接在硬地板放草蓆，大家都能呼呼大睡等等事情，反正總歸：

　　1.怎麼玩怎麼髒沒關係，平安最重要。

　　2.想法、慾望降低，縮短搭帳、收帳時間。

　　3.東西不見是正常，2468在就謝天謝地！

　　重點來囉！

　　孩子不論在哪個地方睡都很自在耶！睡彈簧床睡得很熟！睡硬地板、沒有冷氣吹一樣可以睡到翻掉！

　　環島露營到目前為止露過秒殺營地：浪花蟹、小野柳，也有露學校以及今天的會議廳，孩子們不會因為營地環境而有所抱怨，反而更勇敢獨立去做平常不會在營地做的事情，如今天晚上，第一次不用五人擠一間洗澡，而是468一人選一間衛浴間，自己洗澡、穿衣，多多還說：我好勇敢喔！自己洗澡ㄟ！

　　真的！你們都好棒！都好能適應環境的變化！都好能自得其樂讓自己都是開心地享受過程。

　　謝謝顏大哥、巧棟、祈昌、阿亮，給了我們很多第一次經驗，這兩天因為有你們的陪伴，環島旅行更是精彩了！

玉井有間冰舖芒果冰

【地址】714臺南市玉井區中正路154號
【電話】06-574-2869
【營業時間】08:00-20:00

玉井蔬果批發中心

【地址】臺南縣玉井鄉芒果批發市場
【電話】06-574-1141
【營業時間】04:00-19:00

DAY 22

中臺灣全家團聚

各！位！觀！眾！我們合體了！

臺中 Payas 的家

【地址】424臺中市和平區東關路一段裡冷巷15號
【電話】0988-808-955

我們搭在草皮區，營區乾淨，垃圾桶設計得很不錯，不會有蒼蠅、果蠅亂飛。

孩子有去玩戲水池，不過一直被不認識的孩子用水槍攻擊，個個都玩得不盡興。幸好阿爸帶了8的生日禮物：遙控車，所有孩子的目光就全都在車上了。

位於臺中和平的裡冷部落，用心不超收的優質營地，廣大草皮、沙坑及戲水池，適合親子家庭來露營放鬆。用心的泰雅原住民營主還會安排露天音樂會，讓露友在星空下享受原住民的暖暖歌聲。

拔地瓜→認識蟋蟀、看鬥蟋蟀→品嚐炸蟋蟀→

高鐵接阿爸→前往臺中 payas 的家露營

早上阿亮買早餐請我們吃，收帳完成後，立馬帶我們走體驗行程。

我們戴著斗笠前往地瓜田，路途上看見了蝶豆花及其他有機蔬菜，阿亮教我們如何辨別地瓜種類，像是有分食用地瓜葉以及單純吃地瓜的品種。還第一次體驗了拔地瓜，要拔之前，先將葉子全往反方向擺，找出最粗的梗，往下挖就是一串地瓜了！欲罷不能！太好玩了！

2468在抓壁虎。

出發採地瓜！

阿亮叔叔說明怎麼採地瓜，因為有機種植，所以地瓜偏瘦，不過營養滿分喔！

▌鬥蟋蟀

▌炸蟋蟀

結束地瓜體驗後，我們來蟋蟀文化館欣賞影片以及認識蟋蟀的一生。這個我很有興趣，因為自己也有養蟋蟀及繁殖蟋蟀，孵化出來的針頭蟋蟀我會餵樹蛙吃！後來也再買了兩對「黑龍啊」回家繼續繁殖，還點了營養價值高的炸蟋蟀品嚐！

第一次吃，覺得不錯吃耶！跟著花生和蔥蒜一起炸，很酥脆鹹香，2、4吃得好開心^_^

我愛阿爸！

好開心可以跟阿爸玩

黏阿爸身上，2幫忙按摩，阿爸好開心。

中繼點臺南、雲林站，給了我們很多第一次，能在時間有限的旅行中，把握給孩子新的體驗，真是有意義的環島旅行。

結束上午的行程後，接到搭高鐵來與我們會合的阿爸，孩子們很把握跟阿爸撒嬌、玩樂、談心的時間。連亮亮都跑來身邊幫阿爸按摩，阿爸好驚喜感動！

我們再前往白冷肉包老店買肉包當點心吃，老店生意很好，客人絡繹不絕！

吃完後繼續前往Payas的家搭帳，這露是幾個月前就約好的聚會，為了小睃睃能和我們一玩，所以沒有延期或是取消仍前往同露，大家聚在一起真的很開心^_^

阿爸負責天幕，我負責搭帳篷，一同完成環島露營的家。

可惜……今天好朋友竟然沒有打電話跟我約時間，就很無禮地跑來找我，我看見她來時，真的很想巴蕊！

◇掃描 QRcode 看 2468，後面還有更多精采影片喔！

什麼情況！在帳裡靈魂出竅的是阿爸，我則是環島第一次煮麵給大家吃^_^

巴克禮紀念公園

　　位於臺南市文化中心對面，彷彿市區中的異國小祕境。透過當地里長及義工推動生態復育，將原本廢棄的垃圾場化身為綠色公園。除了臺南多了一個休憩的綠地之外，這裡還經常舉辦各項活動，像是螢光飛舞野放活動、各項音樂會、生態講解等。

【地址】701臺南市東區崇明里文化中心對面

DAY 23

阿爸累壞，
臺中休工一天！

休息，真的是為了走更遠的旅程

休息中！

Payas的家收帳→豐原二姐家休息

　　8前幾天不斷地拉肚子，連續三晚都沒好好睡覺，半夜起來拉肚子持續到早上……

　　阿爸昨晚因要照顧8，所以沒睡好，加上8的症狀一直未改善恢復，所以決定不再續露，選擇去豐原二姐家讓他們兩個好好休息。

　　這裡真的要感謝露友錢篠荔的幫忙，得知我們在找醫院，馬上幫我們查到東勢有小兒科看診，早上阿爸就趕緊帶468去看醫生（4、6愛哭愛跟路跟去）我和朋友及2待在營區，他們約快三小時後回營區，醫生說腸胃炎，吃個藥會好很多！

　　從原本幾分鐘就要去拉一次肚子的8，到約一小時拉一次，狀況改善很多，活動力也很正常，所以當阿爸明天要回去上班，我們就要繼續環島旅行了。

　　阿爸和8都沒睡好，我們直接前往二姐家休息，阿爸下午補眠，我繼續規劃下半段行程，讓我有機會笑他：「你怎麼比我這環島的人還累！哈哈哈！」

　　不過！真的還是謝謝阿爸，有他在，陪著照顧孩子，心裡總是踏實有安全感。

▌二姐是個專業又有愛心的保母，家裡全都是
適合幼兒發展的教具，2、4玩得好開心！

　　明天我們就要繼續啟程環島旅行，祝福我及2468都能平安、健康回家^_^

▌連續三晚，從凌晨拉到早上……獨立又勇敢的　▌跟露友說bye-bye的兩個可愛！
　8都在凌晨肚子痛時，自己走去廁所。

▌親子時間，阿爸轉三個頭昏了！

DAY 24
新社放空，
五星級趣露營
不出發，永遠都不會成行

臺中新社　趣露營

【地址】No. 185協中街新社區臺中市426
【電話】0905-281-565
【服務】200元即可外送餐點

草皮厚實踩起來非常舒服，任何種帳類都可以搭。小朋友最喜歡它的游泳池、溜滑梯及盪鞦韆等器材了！因為我們包場，孩子可以非常盡興地跑跳玩樂，超級滿足。我則很喜歡可以直接打電話訂購早午晚餐／點心送到營地，讓我都不用開伙也不用開車出去買，直接就送來帳篷前面，真的好享受啊！

帶阿爸到豐原火車站搭車→

新社趣露營

帶阿爸到豐原火車站搭車→新社趣露營

經過二姐及二姐夫一家熱情招待，吃飽睡飽後，早上阿爸帶8去診所再拿一次藥，8的狀況也好很多，拉肚子的次數也減少，於是準備帶阿爸搭火車，我們繼續完成環島旅行。

一到分離仍是不捨，眼淚在眼眶中打轉……阿爸抱抱我輕聲說：「妳要加油喔！！」

會的，我和2468會繼續玩下去，去看去體驗臺灣的美^_^

接著我們來到新社趣露營：秒殺營地、五星級設備、衛浴設備超級乾淨、草皮厚實、不用出營地就可以直接電話訂購三餐，輕露營、不用開伙！

下午點滷肉飯＋小菜當點心、晚餐點炸物＋手搖杯。

孩子在這玩得、吃得好開心，我就躺在草皮放空一下不小心睡著了！

趣露營真的太享受了啦！會讓人有幸福肥^_^

晚上二姐一家及外婆來營地會合，他們第一次在野外享受著微風徐徐，在蟲鳴蛙叫下吃晚餐、第一次體驗踩在厚實草皮的觸感，和家人相聚一起吃飯聊天的時間感到很幸福！

明天開始我們的環島旅行決定延長至8/3，從8/3中午開始往北回，8/4回到家！因為還有些時間，所以決定繼續往南跑。

讀萬卷書不如行萬里路！

四寶媽＋2468繼續開心玩每一天！

玩得超開心的2468（謝謝阿爸
幫忙馬賽克^_^）

從一到營地玩到要睡覺了才離開，我就躺在
地墊上舒服放空，太享受了！

二姐一家及外婆來晚餐。

草皮踩起來好舒服，我很喜歡到營地就開始赤腳走路。

DAY 25

來去彰化
當青蚵嫂！

採蚵文化體驗
親近大自然的童年回憶

二林中科露營農場

【地址】526彰化縣二林鎮中正巷9-30號
【電話】0920-050-668
【臉書】https//www.facebook.com/n0910217959/

二林中科的入口處營地算小，如果是大帳空間會搭不下，裡面有草皮區可搭大帳。
孩子非常喜歡他們的盪鞦韆和吊床，我們笑稱是來騙孩子用的，讓媽媽可以專心搭帳^^
我很喜歡這個被田包圍的營地，晚上只有昏黃路燈的時候，真的有種待在鄉下乘涼的味道，很道地！

趣露營收帳→菇菇部屋吃菇→

芳苑坐海牛車採蚵→

中科二林包場

採蚵、搭海牛車　體驗文化、傳承文化

　　昨天下午來趣露營，去玩溜滑梯不太會曬到，孩子玩樂我搭帳。早上太陽升起，我搭帳篷的區域這裡還不太會曬到，孩子們都睡到7點陸續起床，請孩子去閱讀區看書寫日記，我收帳整理，覺得我們和太陽配合得剛剛好^_^

　　收拾好我們去附近的菇菇屋吃菇、賞菇，麻煩工作人員幫我們做簡單的導覽，第一次看見養殖靈芝覺得好特別。以前我們有買太空包回家自己種香菇，所以就沒有體驗採香菇了！

　　來到餐廳點了兩份炸菇，以及打卡按讚花一百元就能喝到1000cc超大杯的冰沙，加上服務人員都好親切，我們的早午餐吃到美味也吃到人情味^_^

　　吃了美食我們準備上國道南下彰化二林、芳苑，我帶著孩子來到芳苑安排採蚵文化行程：坐海牛車、鐵牛車、找潮間帶生物、採蚵、挖蛤蜊、體驗插竹子做蚵架、現吃蛤蜊鮮湯、現烤鮮蚵、有獎問答遊戲、幫海牛洗澡、按摩，活動十分豐富也富傳承文化、教育意義！

包場有好多獨享好處！早上6點多起床繼續找太陽方位曬衣服^_^

多多組的溫馨雙拼透天厝。

亮亮的寶貝：蟬殼。有這個在，可以安靜十分鐘不找媽媽！

「適當地處罰」。

我在開車，如果精神好，2468他們怎麼大聲說話吵鬧我都可以接受。但今天是移動日，體力有些耗盡，加上開長途，所以更需要專心開車！我已告知2468我需要專心開車，但6、8在玩的過程中有些爭執，已經影響開車的情緒，所以路邊停車，請他們兩個下去冷靜一分鐘再上來！適當提醒及處罰，可以讓2468對彼此給予尊重及體諒，唯有如此紀律規則，我們的環島旅行才能玩得安全又開心！

　　我們第一次體驗搭乘海牛車，海牛是隻十八歲的熟女，力氣很大，在陸地上可以載一頓的重量，在海邊可以拉四百斤的重量。熟女邊走邊大便，我們看得好新鮮！我抓緊時間問了拉海牛車的大哥：「請問哪裡可以買到蚵刀，我想要買回去北部到海邊採石蚵用！」（去年我夏天連續三個月每週六日都帶著2468跑到八斗子海域採石蚵、撿海螺、玩水）

　　大哥看我不像觀光客，把實戰經驗及購買指南一一說明報仔細，真是感謝^_^

明天最重要的行程就是買五把蚵刀

　　大哥手腳快速得烤好肥美的蚵仔，孩子吃了一個繼續又去排隊，每個人應該都吃了十顆左右，2468讚不絕口！

這附近哪裡有現烤蚵仔可以吃

我也好想吃啊……

我的工作就是照顧 2468 及拍照攝影

待裝準備下海，出發搭海牛車

幫海牛按摩、洗澡。

在丟棄的瓦礫下找尋寄居蟹、螃蟹

潮間帶導覽。

好鮮甜的蛤蜊，吃完的蛤蜊殼　排隊吃烤鮮蚵。
可以丟在沙灘上。

今天又是平日包場 享受田野風光的露營地

行程約兩個小時結束後，我們回到營地開始搭帳，第一次有遇到選擇性困難的問題：「營位選擇」：

1. 營主強力推薦大樹下好乘涼，不會日曬可以睡久一點。
   缺點：有很多鳥大便會掉在帳篷上。
2. 棧板區，有一個小角可能會受鳥大便攻擊、會日曬，睡不久。
3. 草地區，日曬＋少許鳥大便、低窪地區。

就這三個營位我好難選擇，後來選擇2，因為如果下大雨，3在低窪處，會更難處理了（謝謝露友祈昌提供經驗）。

晚餐時間打電話給住在附近的好朋友愷媽，我們又相聚了，孩子們玩得好起勁又開心，玩到11點秒睡！

我滿喜歡這營區的，全被火龍果田及韭菜田所包圍著，營區再打個燈光，我就露在鄉下田中央的感覺，兔子滿場跑、螢火蟲一閃一閃擦身而過、金龜子、蟬多到可以放在手上當戒指、米老鼠躡手躡腳跑掉，我一個人獨自坐在昏黃燈光下寫日記、報平安，頗有退休後自在享受田野風光的生活。

一帳包場營主不住在這裡

我的隨遇而安膽子越來越大了

阿爸的祕密武器放在口袋以備不時之需

時間過得好快已經第二十五天！2468每天都玩得努力又開心，也學著忍耐病痛繼續玩樂下去！

8 完全康復謝謝大家關心

請問是不是有颱風？

▌ 孩子們又相聚了！戰鬥陀螺開戰！　　　▌ 亮的寶貝：金龜子。

彰化芳苑採蚵體驗：竹大芳 yes 推廣俱樂部─芳苑海牛車隊

　　提供潮間帶生態及採蚵文化產業教育體驗，行程內容包含海裡解説、海牛車運輸及像是：整理蚵田、蚵農生活作息趣味競賽、生態解説及幫海牛洗澡等多樣體驗。

【臉書】https://www.facebook.com/竹大芳yes推廣俱樂部-芳苑海牛車隊-1487110478279847/

DAY 26
哈哈漁場笑哈哈，
體驗討海人的生活

熱愛嘗試
旅行就是要有特別的體驗

哈哈魚場
【地址】528彰化縣芳苑鄉大同路
【電話】0923-077-066
【臉書】https://www.facebook.com/hahafish168/

哈哈魚場有分為魚塭體驗及潮間帶導覽，會實際帶著大家穿上青蛙裝走入魚塭裡，手拉著魚網慢慢往前走來捕魚，光泡在充滿綠藻的魚塭裡就會讓人很震撼！這也是最吸引人的地方了，非常值得帶著孩子去體驗魚塭生活。

中科二林收帳→哈哈魚場→

愷媽家民宿

　　昨晚自己一帳露營，的確有些害怕，所以右邊口袋放著防狼噴霧劑、車鑰匙，左邊口袋放著防狼警報器，帶著眼鏡面對帳篷大門躺著睡，每一個小時醒來一次觀看敵情，確認沒事繼續淺眠睡覺！就這樣1點多入睡到清晨5點自動起床，沒想到完全充飽電力等著孩子起床繼續玩！
我真的是過動媽媽！

　　明明昨天是移動日，是累到靈魂出竅的日子，身體疲倦到不行，只睡四小時又繼續戰一整天，阿娘喂！

　　我趁孩子還在熟睡，悠閒散步像在歐洲庭園的營區裡，越來越喜歡這營地了！很田野鄉村風，讓人放鬆、自在、不拘束。

　　這時！聽見火龍果園的對面有阿婆的聲音，趕緊頭低低小心別碰到火龍果藤的刺，尋找聲音主人在哪裡。

　　一翻過火龍果園，逕入眼簾的是綠油油的秧苗田，有三個戴斗笠的、綁上花布巾遮住臉龐的阿婆，一人一個手拿著放著秧苗的白桶子，腰彎著、手抓著一撮秧苗補在整齊排隊的秧苗隊伍裡。（以下請自行臺語發音）

　　「那邊也要補！」花阿婆下指令。
　　「吼，我的腰快斷了！」綠阿婆手撐著腰繼續努力插秧。
　　「阿嬤，老炸！」我跟阿婆打聲招呼。
　　「請問，我可以幫你們插秧嗎？」
　　「美賽喔！水黑黑辣撒！麥樓來！」花阿婆繼續下指令！
　　「我不驚辣撒，我有插過！」不死心自己推薦自己。
　　「美賽喔！我也是被老闆請的。」綠阿婆說出原因。

▎來露營，吃東西不再是小口品嚐，而是要爽快地大塊朵 ▎穿好裝備準備捕魚。
　頤咬下！

　　我求了好幾次……笑瞇瞇沒效！睜大雙眼裝無辜樣沒效！拜
託再拜託沒效！把2468請出來更沒用……看著三個阿婆一邊討論
工作方向、一邊說著那裡痠痛，自己卻不能赤腳踩在柔軟的田
裡，其實我好難過喔……

　　我帶著失望的心情回營地，心想，一定要找個特別的體驗轉
移心情，趕緊估狗找到哈哈魚場。

走訪哈哈魚場　豐富生態及潮間帶體驗

　　環島旅行很多刺激的體驗都帶著2468玩過一次，卻從沒親自
捕過魚，跟哈哈大哥聯絡好後，帶著2468去哈哈漁場捕魚蝦、摸
蛤蜊！

　　當哈哈大哥看見孩子時的第一句話：「這些孩子可以操！換
泳衣準備去捕魚！」

　　當下好感動遇到了解我的人（曾文鍇大哥！有個跟你一樣相
信我和孩子可以做到，並且願意放手讓我們玩得盡興的人出現
了）！

「大哥！他們是可以操的孩子，不怕曬、不怕髒，別擔心！」我真的很想用力拍胸脯強力推薦2468的勇敢、獨立。

孩子快速換好泳裝、我穿著青蛙裝，跟著哈哈大哥來到魚塭，哇！好酷喔！要下魚塭捕魚耶！

哈哈大哥指派工作給6、8，一人牽著一頭繩子，共同努力往前方緩慢移動！我則照顧安全坐在膠筏上的2、4，當個攝影師跟著前進！

6、8越走越深，走到中間深度約在他們的胸部，他們勇者無懼繼續拉著繩子往前用力牽罟，從頭走到尾巴，收起漁網後哈哈大哥再把網子拉回岸邊。

「哇！補了七八條魚，有虱目魚、鯛魚、蝦子耶！」攝影師眼睛都亮了！

「中午就吃你們抓的魚當午餐喔！」哈哈大哥說。

這個活動好有成就感哦！自己捕魚當午餐吃，馬上就讓孩子了解「要怎麼收穫先要怎麼栽」的道理！

捕了魚繼續泡在魚塭裡，用手往水裡的沙土裡摸蛤蜊！別想只用指腹摸，根本摸不太到，一定要用指甲用力往下挖，當挖到滑滑硬硬的，代表你中獎了！娃娃好厲害挖到跟她掌心一樣大的蛤蜊，大家更有目標往下挖，只剩下一顆頭在水面上，當雙手伸出水面時，像是做了指甲彩繪般，在指甲尾端黑黑一圈^_^

孩子們認真摸蛤蜊的表情真的好棒！

看見膠筏開心地一定要滑三下！

2468跟著哈哈大哥牽罟後，補了七、八條魚。

▋摸蛤蜊。摸到都只剩一顆頭。

就在大家都很專注挖時，娃娃忽然大叫一聲：「我摸到了！好大哦！」

「哈哈哈！姐姐，妳摸到我的腳了！」多多開心地説。

娃娃的可愛讓大家哈哈大笑，每個人都要來玩一下！

哈哈大哥把抓來的魚拿去料理時，還交代盡量玩、多摸一點！我們就繼續摸蛤蜊、玩水、划膠筏，又從頭划到尾巴，多多還下水幫我們推，水的深度都在脖子了，手仍緊抓著膠筏，幫忙用力往前推！

就在下一秒我再確認多多的安全時，發現他手沒有拉上膠筏，水深是會讓他滅頂的高度，求生意志堅強的4，脖子高高狗爬式划水，賣力往前划想要拉住膠筏，幸好我有看他的安全即時救到，擔心他體力透支，趕緊一把拉住，結果多仍堅持想要完成全程推膠筏，這孩子真的不簡單！

這四隻孩子真的好勇敢簡直就是冒險王

哈哈大哥煮好午餐後一聲令下，我們咚咚咚地上岸，結果2、4的腳在水底時有被割傷，所以都要我抱。這對睡眠時間太少體力卻異常旺盛的我來說，也非難事！左手揹著4、右手抱著2，一樣跟上腳步看哈哈大哥用蜈蚣網捕魚，一樣吃到海味十足的午餐！

我的肌肉就是這樣鍛鍊的

今天的捕魚體驗活動十分豐富且富深度！忽然覺得……我第二屆環島旅行的深度體驗活動可以突破第一屆嗎？哈哈哈！

▌兩個傷兵要我抱……幸好我是　▌哈哈大哥撒八卦網，好man啊！
過動媽媽，只睡四小時可以充
飽電跟你們玩下去！

　　哈哈魚場雖沒有五星級的設施，卻有哈哈大哥最專業的捕魚
經驗分享、海味十足的午餐，讓孩子實際操作牽罟的捕魚法，了
解團隊合作的重要！

　　我好愛我的環島旅行哦^_^

　　捕魚結束我們直接去好朋友家過一晚。和愷媽是從網路部落
格認識，一年平均見一次面，卻仍保有聯絡並互相關心，兩個孩
子乖巧懂事，和2468成為好朋友！當孩子們得知可以來住愷媽家
時，都開心得不得了！

　　愷媽晚餐特地買了鮮蚵現烤現吃，讓我可以吃到飽不用怕吃
不夠，我應該吃了快二十顆，海味十足好鮮甜哦！

　　2468玩腳踏車、仙女棒、吃海味，個個玩到髒兮兮的，看了
好可愛，因為代表他們很認真地玩^_^

　　又是行程豐富的一天！

　　2468玩累了要休息了！

　　四寶媽也該睡覺了！

　　明天繼續遊歹玩^_^

DAY 27

泰雅族發源地
天空之城

傳承可以讓文化流傳，
信念可以讓一個人成長

紅藜、小米──鹿鳴山谷

【預約官網】http://hostel.url.com.tw/home/showRoom／1094

【臉書】https://www.facebook.com/hbungpara/

當一群年輕人走回廢村的舊部落，想要發揚泰雅族文化給理念時，這份心意就值得讓住在水泥屋的我們一探究竟。瓦厲思團隊靠著原住民的樂天個性解決了很多重建上的困難，更靠著樂於分享的心，讓我們能在星空下聽著遼闊的歌聲、喝杯傻瓜水，放慢腳步好好享受部落文化洗禮。

田中窯→鄉間小徑散步→

南投仁愛瑞岩部落

▍幸運看見整修中的廟宇。

　　早上愷媽帶著我們來到田中窯及小徑散步，一路上水溝裡的大肚魚、菜園裡的蔬菜水果、廟裡養的烏龜、路旁的土地公，都能帶給孩子新鮮感！

　　結束後我一路往南投開，第一次這麼近距離感受南投的美，更讓我期待兩天一夜，天空之城深度旅行。

開始認識自己的土地、珍惜我們的臺灣

　　我的外婆是泰雅族，從小常跟著爸媽去復興鄉玩水、野食烹煮、探訪老友，所以直到現在仍喜歡原住民文化，也因此這次安排了很多部落巡禮。

　　從環島出發前我一直和瓦厲思聯絡，我很想帶孩子去感受天空之城的美、去更深入了解泰雅文化。謝謝瓦厲思團隊讓我如期完成這深度旅行。

▌ 我們每個人揹著自己的行李準備出發到
天空之城。

　　我們在南投埔里集合，由尤明開車帶我們到目的地。天空之城就在清境農場的下方，但「慘」業道路真的不好開，一路顛簸進入深山到達天空之城，也是兩個小時候的事情了！

　　這段路總共會經過三座山崩塌處、三座橋、三個瀑布。一路上尤明開始導覽跟我們說泰雅族人與布農族人的淵源，還有說自己約五六歲左右可以從部落走出去到熱鬧的地方（路途不是十分鐘就能到的，基本起跳應該都是一兩小時左右）、賽德克巴萊的小故事等等，讓這段車程不無聊，孩子們玩「大便遊戲」也玩得很開心。

　　到了新部落發祥國小做導覽，帶著顆虔誠的心來到聖石，告知祖靈我們的到來，希望能一切平安，再回到舊部落享用美味晚餐及晚宴和只有睡覺功能的豪華小木屋。

　　瓦厲思在晚宴時分，彈著吉他，唱著古調，渴了喝傻瓜水（高粱加水），用誠懇的心述說著泰雅民族的歷史故事，用爽朗聲音及笑聲，說起只有原住民才能說到位的原住民笑話！

▍帶著山羊角的瓦厲思。

　　團隊此時很貼心地把所有孩子帶離去做夜間生態探險，找到了雞母蟲、螽斯，而我可以用更加放鬆的心情，隨著瓦厲思溫暖的歌聲跟著音樂身體擺動！

　　當瓦厲思說起他選擇回來部落推廣泰雅文化，雖然薪水沒有之前來得這麼好，但內心是快樂、身體是健康的！

　　想想自己這幾年不斷帶著孩子出去玩也是如此！

　　每個月跟家長請一兩次假安排家庭露營日，及這次請一個月的長假帶著孩子環島，我的想法是甚麼？為甚麼想這麼做？

　　我想想……

　　孩子們的快樂童年並不取決於我和阿爸賺了多少錢、多了幾位學生。他們長大後也絕對想不起來以前這個月看了甚麼卡通、打了幾隻怪物。反而常會記起我們環島時所遇見的人事物，開心度過精彩的每一天。2468互相扶持陪伴，讓我們擁有獨一無二的童年回憶。

　　很推薦大家來他們的粉絲頁，看看瓦厲思那充滿溫暖的文
章，會讓人感受到原住民的熱情，及想要帶給我們文化洗禮的
感受！

　　我很期待明天的活動、美食！

◇掃描 QRcode 看 2468，
後面還有更多精采影片喔！

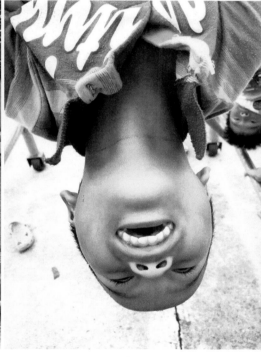

▌馬戲團

DAY 28

天空之城深度巡禮

帶著孩子實際感受
瓦厲思回鄉的信念

日月潭愛玩客營地

【地址】555南投縣魚池鄉中正路336號
【電話】0923-377-348
【官網】http://chichang.ego.tw/

「日月潭愛玩客營地（愛玩客日月潭露營區）」位於日月潭環湖步道旁，提供面湖、石礫、草皮、沙坑等不同方位與地點的營位選擇，享受無敵湖景放空的熱門露營區！

面湖第一排值得推薦。但營地碎石好難釘營釘，我幾乎都只能釘下一半……。孩子非常喜歡在平臺釣魚，我也很喜歡面湖放空！雖然聽露友說小黑蚊非常非常非常爆多，但我們去的時間剛好是傍晚沒有遇到小黑蚊的狀況。

瑞岩舊部落巡禮→我是神射手→

日月潭愛玩客營地搭帳、釣魚

舊部落巡禮　深度泰雅文化之旅

　　早晨起床，趁著孩子們還在溫暖的床熟睡時，走出木造房，遠山雲霧繚繞，茶園的灑水系統定時啟動，陽光灑下，瑞岩部落的彩虹圖騰若隱若現！

　　獨自走入部落附近角落探索，看見廢棄木造房有破掉的玻璃窗、布滿厚塵的洗衣機、昔日像西門町般熱鬧的淒涼街道，實在無法想像以前的繁華熱鬧景象。

　　第一個活動帶我們做舊部落導覽，瓦厲思邊走邊說以前的繁華，對照現今式微的部落及族人無奈的遷移，心中無限感慨，也對瓦厲思團隊所要傳達泰雅文化的理想目標給予更大支持！

　　第二活動是我們最愛的射箭！這裡有分好幾種材質所製造的弓，瓦厲思商請耆老復刻製造射獵物及獵人頭的箭，並一一詳細說明。

原本要漫步在昔日的西門町街道，迎面而來的是吠叫不停的小白，我若無其事地回頭走，牠仍不死心地保衛家園對我有警戒心。幸好阿達這兩隻忠犬看見自家客人被朋友不識相地欺負，壓低身體低鳴警告小白別白目！沒想到真的變成白目的小白繼續跟上對我狂吠，阿達細心察覺到我的緊張，邁開四腳衝向白目狂吠，白目素辣地縮起尾巴在兩腿間快速逃走！阿達，你們好有靈性啊！果真是忠犬代表！

瓦厲思兩夫妻一早共同完成每人一盤營養滿分的早餐，有：沙拉、歐姆蛋、大蒜麵包、咖啡，配上音樂、暖黃燈光，讓人有置身在咖啡廳般的氛圍。

起床後，開始自由活動！房間溜進一隻扁鍬，以為是死掉的，所以就讓亮亮拿在手上把玩，忽然聽見亮亮嗚咽哭泣聲，循著他的眼睛落在手指頭上！啊！夭壽！是活的！扁鍬緊緊夾住亮的手指！我趕緊打開夾子，幸好沒事^_^

獵人打獵回來，整理獵物及聊天的地方。

　　之後開始每人五箭可以射三次。對我們來說，這已經是環島旅行的第三次射箭，已有駕輕就熟的手感，2468都可以射到靶，並且得到高分。很榮幸我成為開團以來成績最高的女神射手，總分四十二分。

　　瓦厲思對我刮目相看^_^

　　我應該可以跨過門檻取得明年打工換宿的資格了^_^

▌ 充滿巧思的房子，全是團隊自己親手完成的

　　比賽過後，肚子也餓了，我們聽見搖鈴聲：「開飯囉！」腳步轉向香味撲來的餐廳，菜色有：青椒炒肉絲、三杯雞、炒香菇、蒜炒高麗菜，還有火紅的紅藜飯，好豐盛的一餐。

　　吃飽喝足大家隨興聊天，拍照留念，想把眼前所看見的全都塞在記憶卡裡，原封不動帶回家回憶。

　　而時間總是過得這麼快，說再見的時間到了……我還想再聽瓦厲思的歌聲、想再吃超級大廚哈陸思所煮的家常菜、尤明講獵人趣事，還有團隊所有人對我們像朋友般的相處，兩天一夜的天空之城深度旅行，真的不夠啊！

　　帶著不捨的心情，收起行李揹起行囊、帶著2468回程。尤明技術高超開著廂車帶我們做最後兩小時車程的導覽，尤明有個溫暖又細心的心，個性有些害羞但說起獵人故事配上動作仍可以逗你笑開懷。很謝謝尤明^_^

值得安排的部落巡禮

　　「一個快被政府所遺忘的部落，如何能在這蒽鬱深山裡讓
　　世人看見？」

當時我被照片及文字所吸引住，文字溫暖，人心又堅毅不拔，不被現實打敗，那種信念吸引著我一定要帶孩子去實際感受。

瓦厲思團隊讓我們看見他們所想要表達的就是傳承泰雅文化，這麼單純的信念卻又如此艱難去完成！他們每蓋一片瓦我都願意起身鼓掌，他們清脆嘹亮的歌聲輕撫我們心中的不安，讓我們可以放下世俗的一切，跟著喝杯傻瓜水、聊天談地，這麼讓人輕鬆自在、怡然自得的土地，是該要好好珍惜。

隨著瓦厲思帶我們走入荒廢的部落裡，牆壁崩塌、玻璃門已被物品砸破，廢棄的洗衣機，好像還在等主人讓它起死回生，這裡的一切都讓人感慨，一場地震奪走了許多家庭的夢想。

但瓦厲思團隊不放棄他們的家園，一磚一瓦重新建立起舊部落該有的風采，目前仍繼續重建也開始有遊客進入去了解認識泰雅文化，甚至將這份信念帶下山傳給下個朋友。

「傳承可以讓文化流傳，信念可以讓一個人成長！」我帶著2468從這一步開始認識自己的土地、珍惜我們的臺灣。

▎去年冬天瓦厲思是全部落打獵物數量最多的獵人，上面都是戰績。

神蹟顯靈　我的旅途充滿幸運

離開天空之城後，決定把握颱風前一晚的平靜，帶著2468來日月潭南邊湖旁的愛玩客露營地搭帳！

沒想到，真的沒想到我又發生第二次「錢」的糗事及神蹟啊！

一到營地，超級幸運我就搭在營王5號正面對日月潭湖景的最佳位置，兩旁都有露友相陪，就在要繳營位費用時，登愣！我的錢包剩下五百元紙鈔……

五百元?!

啊！五百元……怎麼辦，我怎麼忘了領錢……

我離開前把藏起來的救命錢繳住宿費用給瓦厲思他們了，想說還剩下一千六百一定夠用，但在路上買了六百元水蜜桃＋兩百元阿嬤烤雞、85度c提神咖啡，真的剩不多。但我要繳一千兩百元營位費用啊……

怎麼辦，我怎麼又發生錢不夠的事情……

就在這時候，天空之城的聖石祖靈顯神蹟了！

我趕緊把車上零錢盒裡所有零錢取出來仔細算一下，真的不多不少配上五百紙鈔，就是一千兩百元！！

太神奇了！上次是吉拉卡樣的祖靈解決換車子電瓶時，發現身上錢不夠，才想起有救命錢可以付，並讓我們順利完成行程。

這次換天空之城的聖石祖靈對我顯神蹟，車上零錢湊一湊剛剛好，然後裝在塑膠袋裡很糗的跟營主說聲不好意思都是零錢付款。

很有江湖大哥味且帶有我的名字是義氣的營主笑笑說：「沒關係，只要是錢都收！」

營主是義氣化身來的！

瓦厲思、尤明、哈陸思，還有很多好朋友，你們說神不神奇！我順利住在日月潭旁了耶！

我開車有經過雲品，聽說住一晚也許就是我環島一個月的住宿費，我只用五百元及超級多零錢就能住在日月潭湖畔旁邊，重點是第一排從帳篷內可以看見湖景，是不是比較起來我省很大！

我的環島旅行真的太刺激了！

大顆的心臟今天早早休息，要記得明天一早去領錢繼續遊歹丸。

#明天颱風來會改住彰化愷媽家
#我們會注意安全大家別擔心喔
#環島旅行開始最後倒數
#真的好捨不得

好糗又好笑！謝謝祖靈顯神蹟！剛好1200元付營地費用。

湖邊釣魚釣到了！

平價消費，絕佳視野！湖景第一排！

DAY 29

回愷媽家躲颱風

颱風來襲,請注意!

湖畔釣魚→收帳→彰化

　　長達三十五天的環島旅行，自己規劃了非常多深度文化導覽以及有趣的活動來增加旅行的樂趣。其中，認識新的朋友更是能讓這旅行的火光溫度一直不滅的原因。

　　在旅行途中，我很喜歡也習慣與對方眼睛對上相視時，一個微笑、一聲招呼就能開始自在地聊天進而成為朋友。昨天和隔壁露友都是使用同個牌子的帳篷，所以詢問有關地墊反潮及如何搭天幕問題。露友喬羚、世尊、毛毛夫妻都好熱心教了我很多撇步，還大方分享好物，之後開始越聊越開心越起勁，就聊到2點，還發現原來我們有共同朋友，娘家都在大園，真的好巧喔！能認識聊得來的露友好幸運！

　　後來我約3點熟睡到5點半起床，打開帳篷就能聞到淡淡的野薑花香甜味，漫步走向湖畔平臺開始去欣賞日月潭湖光山色的美。早晨5點多的日月潭尚未被颱風影響，所以無風無雨，湖面上出現漁船倒影，夜鷺、白鷺鷥振翅飛翔後滑過水面，像是在抓魚當早餐。

約7點多孩子陸續起床後，擔心下大雨會很狼狽地收帳，直接收濕帳後開始放空。孩子們直奔湖畔平臺釣魚，2餵魚、4、6煮原住民早餐、8釣起3條小魚。昨天只睡兩小時的過動媽媽看著隔壁露友陸續收帳，竟然屁股癢坐不住、手癢想做事情，又把車上已收好的濕帳搬下來攤開曬帳（這個媽媽真的很耐不住寂寞）！

超專業的世尊大哥又教我怎麼曬帳！（原來曬帳也可以這麼專業，我這個月搭收帳是怎麼活過來的?!）

我用世尊大哥教我的方式在圍欄曬帳，可是一直飄細絲雨，看著雲層越來越厚，又趕緊收帳！

收濕帳→曬帳→再收濕帳，過動媽媽真的是ㄅㄧㄚˋ給……

原本想再散步去碼頭，忽然雨越下越大滴，擔心颱風要來了，為了安全，我們直接開回彰化愷媽家避風雨！

正要開車時，娃娃湊到臉龐想跟我說悄悄話，沒想到迎面撲來的是陣陣濃郁的頭髮油耗味，表示她真的每天很認真玩，但媽媽也真的很懶沒有每天洗及吹，就這麼讓她當「肖婆」了，下午帶著娃娃去洗頭鬆一下，我們倆母女手牽手、腳步輕盈地一起去洗頭。洗頭小妹妹花了些時間用梳子梳開打結的頭髮，我心裡想：「嘎在！給人家洗，不然換我心裡糾結！」

晚餐愷媽的炒飯、水果，孩子都好捧場吃完！

▌母女倆一起洗頭去！

來愷媽家等於來親子餐廳，有好多玩具可以玩，孩子有伴不用電視，怎麼玩都好玩！

一想起我們的環島旅行，過程中一直遇見「幸好」及「幸運」，幸好遇到很多貴人的幫忙，讓旅行更加順利；幸運是在旅行快結束時才因颱風而暫停旅行，祈禱這次颱風大家都平安，也請大家多加小心安全。

寫日記時間。

這幾天因颱風暫停旅行
我們在彰化愷媽家躲颱風

你們有看清楚8的五官嗎？真的太黑了……他是未來的體育籃球教練（他今天說的長大願望）。

▍集體創作。

DAY 30

我們快完成了！

**環島旅行不是走馬看花，
而是體驗當地的生活文化**

環 島 完 成 倒 數 ◦◦◦

湖畔釣魚→收帳→彰化

　　我們真的快完成長達35天的環島了！現在心情很澎湃也感動，因為我們快做到了！

　　旅行的目的不僅僅可以打開眼界、增廣見聞、增進親子關係，在過程中我看見2468這四個孩子對於適應環境能力都非常能自在、接受並享受。

　　如：直接搭帳在硬水泥上鋪上薄草蓆，一樣睡到翻、睡得穩；做任何體驗都不怕髒、不怕曬去做去玩，或是在充滿綠藻的魚塭裡，跟著哈哈大哥手拉漁網，赤腳下水，在水深及脖子的池水中，用緩慢的步伐往前拉，享受辛苦牽罟後所帶來的豐厚成果，當天午餐就是吃孩子現捕撈的魚，清甜好吃極了！

　　還有手足之間的互信陪伴、照顧、鼓勵、磨合。前頁的照片中，2躺在8的腿上睡覺，太陽直射2的眼睛，8用手掌為他遮住陽光。

　　6、8是這段旅程的大幫手，會主動協助照顧2，2跌倒哭了、在車上吵鬧想要抱抱、玩具、水、糖果餅乾，他們都能即時幫忙照顧，讓四寶媽可以專心開車、迅速搭帳、收帳，有更多的體力帶他們勇闖臺灣各個角落、去體驗不同文化及職人工作。

　　孩子的童年取決於父母親的陪伴。他們有了環島露營經驗，可以大方分享：「我們從桃園來，要來繞臺灣一圈，我們是2468歲，媽媽是四寶媽，露營好好玩，明年還要來玩！」

　　4也會跟著說：「我們有去浮潛看到海龜、去划船、射箭。」

　　（上面這些話是468孩子，直接大方與人分享的開場白）

　　環島旅行不再是走馬看花、拍照打卡賺讚轉身離去，而是特別規劃當地特色文化體驗，讓孩子們透過身體感官去感受部落的力與美、去認識原住民的打獵文化、去了解漁民捕魚的辛苦、去看小琉球蔚藍天空及湛藍海洋，以及朝思暮想的綠蠵龜。

　　每天都有精彩行程去豐富我們的旅行。

　　也許當你看過我的旅行日記時，會有小小的火種在心中燃燒，當信心越大、火力漸旺，兩天一夜輕旅行、一個禮拜甚至一個月環島就不再只是觀望、猶豫。

　　為母則強！可以開始規劃你與寶貝的小旅行！

　　預備備！起！

DAY 31

因為旅行，
孩子成為小巨人！

颱風過後　繼續出發

環島完成倒數 ˎˎˎ

從7/29颱風警報開始，我們從日月潭愛玩客營地直接出發至彰化愷媽家避颱風，直到今天7/31雨勢減緩，我們才開始繼續往南走至臺南露友雨農家敘舊^_^

三天兩夜待在愷媽家，光家裡的玩具：火車、戰鬥陀螺、感統跳球等等，孩子們玩得好開心！愷媽還趁我在午睡時帶著六個孩子一起DIY彩色鹽罐，只用鹽巴、粉筆就能完成色彩繽紛的鹽罐，孩子們成就感十足！

昨天雖然天氣陰陰的，我們也帶著孩子去學校跑跑。

在散步中愷愷拔了四片葉子的幸運草，我大為驚喜：「我第一次看見四片葉子耶！」沒想到愷媽一下子就送我四株幸運草，我當寶一直放在手上要帶去給2468看。

就在拿幸運草給2468看的時候，突發奇想說了一個小故事：「這是小天使的幸運草，原本只有三片葉子，如果找到四片葉子就是擁有法力。只要你在它還沒有枯萎的時候，趕緊許下一個願望，小天使就能幫你達成願望！」婷婷老師上身了。

「那我想要一個洋娃娃。」6許願。

「我想要籃球。」8許願。

「我想要一個假手機。」4許願。2還不清楚發生什麼事情，站在旁邊玩。

「小天使的幸運草許願有規定的，如果是要用錢買的，她會給你機會打工自己去賺去買！」婷婷老師解釋著！

「那要許什麼願望？」8疑惑問。

「例如：你說你長大想要當籃球教練，這種願望就可以啊！而且許願時要眼睛閉起來、對著幸運草說，許好願望一口氣把它吹向天空，小天使就會收到願望了。」老師繼續解釋

4、6很開心地眼睛閉閉許了願望後用力吹向天空，8則一直猶豫不知道要許什麼願望，最後枯萎了，還是沒有許願（巨蟹座的有時會鑽一下）！

#4一樣說要假手機
#6說要小娃娃和希望大家平平安安

一個引導讓孩子有著天馬行空想像！

▌ 我的小天使幸運草

　　待在愷媽家真的太舒服自在了，不過水泥屋就像是《倩女幽魂》裡的姥姥，用大嘴巴將我的元氣吸走，整天像中暑般懶懶沒精神，竟然還可以睡午覺^_^，趁雨勢漸緩，我要提起精神繼續環島旅行，傍晚時分告別愷媽一家，我們往臺南找雨農敘舊。

　　雨農是我們在環島第一站慢活趣認識的露友，為人親切、大方、好客，我們去溯溪時，謝謝他們借亮亮手臂游泳圈保護他的安全。之後主動約我們住他們家當中繼站^_^，緣分、磁場很奇妙，短暫相處幾小時卻有如朋友般自在、聊天、分享。

　　從彰化開到臺南，見面後開始有聊不完的話題，2468和小秉及妹妹都玩得好開心！謝謝雨農一家的招待，讓我們可以度過美好夜晚。

因為旅行，孩子學習感恩並相信自己

　　其實在這一個月的環島旅行中，雜事很多，到最後都是多一事不如少一事，或是心臟大顆一點，只要孩子玩得開心不影響他人，有時選擇冷處理、淡化、放手的方式來完成每天精彩的旅行。

　　如：洗衣服倒一點洗衣精，請孩子手腳並用洗淨，老實說完全洗不乾淨，因為洗完會發現飯粒仍黏在衣服上、褲子屁股位置上仍有土漬；心想太陽消毒曬乾，我們一樣當乾淨衣服穿。

　　如：孩子跌倒破皮流血，嘴巴秀秀吹吹或是貼個Ok繃安撫一下，我鼓勵孩子受傷會痛是正常，學習轉移注意力繼續玩、用力玩。

　　如：不斷告訴孩子相信自己，做不到的就會做到！

　　如：車子太髒亂，懶得整理，反正大家都有位置坐就好。

　　如：下一餐在哪裡？沒關係，反正有食物進到肚子裡，不餓就好！

旅行是這麼地隨遇而安！

從彰化開到臺南的路途中，娃娃6忽然對我說：「媽媽，我覺得妳好厲害好勇敢喔！黑黑的路妳也敢開、路小小條妳也敢開，妳好強喔！謝謝媽媽帶我們出來玩！」

當6忽然這麼感性告白時，正在開車的我鼻頭一酸……

竣竣8也跟著說：「媽媽！謝謝妳，我覺得這次旅行好好玩，我最喜歡釣魚、游泳、和愷愷玩。」

眼淚快飆出來了，忍住，換我說話！

「媽媽覺得你們這次旅行的表現真的很棒又很乖，像娃娃只要看過、玩過一個東西，就會很細膩地把它畫下來；在花東時，也會主動照顧亮亮揹亮亮，讓媽媽可以做事情。」

「像竣竣也很會照顧亮亮，亮哭了會馬上去照顧他、哄他、抱他，是個很棒又貼心的大哥哥！」

「媽媽！謝謝妳的稱讚，謝謝妳帶我們出來玩，我愛妳！」6、8感恩道謝（2、4睡著了）。

我開著車邊跟孩子聊內心話，心裡一直有股暖流湧入，孩子們因為旅行，從過程中，去體會、感受媽媽對他們的包容及無限的愛。他們內心成熟長大，懂得感恩、互相扶持、懂得給予對方最大支持與鼓勵！

旅行擁有強大魔法，當孩子因為旅行成為勇者無懼的小巨人時，我內心也更加堅強、勇敢，並再給自己新的目標想帶他們繼續往前衝！

因為！我是他們的勇敢四寶媽！

孩子的真心告白聽了會爆哭

DAY 32
前進暴雨區
屏東車城
無懼風雨的旅行

車城福安宮
【地址】944屏東縣車城鄉福安村忠孝路199號

香客大樓無提供早餐，雖裝潢有些老舊，但仍可以很舒適安穩地休息一晚再出發。

臺南雨農家→車城福安宮→

香客大樓

謝謝雨農爸爸一聽見我們下樓也跟著起來，特別煎小蔥餅及自家製造的奶粉當早餐。謝謝您們一家人的招呼！等你們來北部玩喔！

早上我忙著整理垃圾車，只交代孩子穿好鞋子出來坐車，完全忘了昨晚2、4是沒有穿鞋直接抱進去雨農家，沒想到6、8主動照顧2、4，揹著他們出來坐車，看到這幕！媽媽又想哭了，他們好懂事啊！

路邊停車讓孩子感受海浪波濤洶湧，當海浪打在石塊上發出巨響，孩子聽了好過癮！

　　凌晨的臺南暴雨不斷並持續到早上，心中不免擔心猶豫該怎麼走行程，幸好早上已出發至高雄上班的雨農告知雨勢一陣一陣，我決定繼續往南至車城住一晚。

　　一路上暴雨不斷用倒的，孩子第一次看見這麼大的雨，雨刷都來不及刷，然後車子開過淹水處濺起跟窗戶一樣高的高度，哇哇叫好興奮！而我根本是前胸貼著方向盤看緊前方，時速約四五十慢慢開，後方逼我、超車都沒關係，只要慢慢開安全最重要！

　　快11點左右出發，口香糖、豆乾、蔡依林、動力火車、孫燕姿相繼陪我，到福安宮已經2點了，我真的開好慢。

　　原本還在停車時是超級暴雨，沒想到我們準備要下車時雨停了，天空漸亮露出些藍天，土地公顯靈！

　　在清朝曾受乾隆皇帝褒封並賜王冠、龍袍一襲，為全臺灣最為威風靈驗的的土地公，我再次感應到神顯靈了！讓我們剛到車城就無風無雨，帶著虔誠的心來拜土地公，孩子每人一炷香看著前方土地公自我介紹，希望土地公保佑他們平安、健康。

　　走出土地公廟，我們散步在老街道，看見鑽動機正在鑽地板，孩子親眼看見地板在震動覺得好新鮮；走過小橋發現正在交配的紅蜻蜓夫妻，紅蜻蜓媽媽正用牠的尾巴在水面上蜻蜓點水產卵，接著跟著導航去找雨農說的超好吃黃家綠豆蒜，我好喜歡他們的粉條，超級Q彈好吃。

　　看著天空厚重的雲，應該是要下雨了，我們走回車上拿行李準備入住今天的避風港：福安宮香客大樓。一上樓看見窗外，竟是暴雨落下，太神奇了！我們沒有遇到下雨還能有一個多小時的時間漫遊車城，太幸運了吧！

　　走入香客大樓，哇！我好久沒住香客大樓了，告訴孩子們：「我們要去住土地公阿公的家。」

　　「那我要跟土地公說讓阿po開心！」阿po是多多出生前一個月意外過世的婆婆，沒想到多多沒看過她，都是聽6、8說阿po，就這麼愛阿po！

　　那天騎腳踏車時還對我説：「媽媽，我想要有一對翅膀變天使！」多多擠眉弄眼對我説。

　　「為甚麼？」我很疑惑。

　　「因為我想要飛到天上找阿po！」很天真的多多。

　　「那你當小天使就看不到媽媽了！」娃娃解釋著，「你要等到很老變成阿公的時候，再當小天使就可以了。」娃娃貼心説出我的想法。

　　「喔！好吧！我變成阿公後當小天使再去找阿po。」多多改變主意了！

　　「媽媽！你無緣看過的多多，也跟著竣竣、娃娃這麼想您、愛您，請您保佑他們平安、健康。」想起非常疼我的婆婆仍是想念、不捨……

　　回到福安宮的香客大樓有四人套房，費用一千六百元，雖有些潮濕味，但對我們來説很舒適了^_^

　　468看見2打翻水，衣服濕了脫掉剩尿布，也跟進只穿著內褲看電視。環島以來就這天讓她們看電視看到肚子飽飽的！

　　明天是環島旅行最後的行程了，時間怎麼這麼快……我不是前幾天在花蓮走跳嗎？怎麼一下子就要回家了……

　　最後三天！要好好玩下去！！

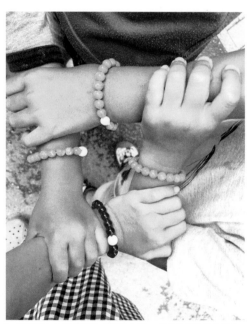

▎媽媽期許你們透過這次環島旅行，更能珍惜手足之情！
謝謝土地公送的保平安手鍊。

◇掃描 QRcode 看 2468，
後面還有更多精采影片喔！

DAY 33

閃電有約、
夜宿海生館

**努力地玩及父母親的陪伴，
就是孩子童年最重要的事情**

國立海洋生物博物館

【地址】屏東縣車城鄉後灣路2號

【電話】08-882-5678

福安宮退房→ Yellow House 俱樂部→

夜宿海生館

小孩放生、大人放空

昨天寫完日記後，大學同學可欣說閃電也在墾丁工作，腦海瞬間想起大學一年級的同學，長相酷酷的、嚕個小平頭、耳朵旁邊還嚕個閃電圖案、笑起來是溫暖小太陽、愛騎著打檔車蹺課去玩，大家都叫他「閃電」。

因為太愛玩很少來上課，所以在一年級被退學了，後來失去聯絡，沒想到能在這次環島旅行再次碰面。

約中午我們來到他和朋友合開的泳池俱樂部Yellow House，當時下著大雨，孩子看見泳池一直拜託想要下去玩，不過旁邊山區雷聲不斷，好擔心會遭雷擊。心臟比我大顆的閃電說：「怕甚麼！旁邊有電塔第一個也先打它，不然還有『自動體外心臟去顫器』，電一下心臟就恢復了，還有個醫檢師，不用怕，去玩！」

尬的！閃電真的沒變，玩起來都這麼瘋狂！

自己的心臟好像也沒多小顆，就讓孩子在大雨滂礡、雷聲不斷下，開心下去游泳玩水了。

468的水性越來越好，8會出現標準潛水下水動作，6甚至揹著4在水裡玩潛水遊戲，2也在淺水區發明跳浮板當衝浪的遊戲，他們真的好愛水、好會玩！

求學過程每個階段都沒讀完的閃電，自從大學退學後重考至北藝大，才發現自己適合設計，便開始非常認真完成學業。畢業後沒有往好公司發展，反而南下墾丁大街擺攤，甚至定居，之後再轉回設計師的工作，北部及海外有好幾個大案子設計，閃電就有主導及參與其中。現在更以代表墾丁活的高級流浪漢概念表達Yellow House俱樂部，讓大家可以在試營運期間，以低消兩百元就能欣賞他的設計、盡情玩俱樂部的設施：游泳池、撞球、手足球、閱讀區、華德福課後教室、練團室、預約制動物諮詢室及

500坪大草原。全天供應餐點，小孩放生、大人放空，這個地方我納入來墾丁必玩景點之一。

　　我佩服閃電有這麼豐富的人生，我喜歡他從小認真玩過，大了發現自己的興趣並努力鑽研至現在的成就！

▌看2自己發明的跳浮板當衝浪板遊戲，太有創意了！在旁邊觀察2這個孩子，自己在淺灘忙一陣子，原本是用硬的、較小的試跳，發現比較滑會從旁邊滑下掉到水裡，所以又改這個最大、軟的來試跳。發現好跳、更安全、滑更遠，開始大膽奮力一跳！有幾次角度抓不穩，跳在浮板旁邊，所以滑個狗吃屎的姿勢，不屈不撓的他，開始學習抓角度，選擇跳浮板中間，越跳越穩越好！這真的不太像2歲孩子會敢玩的水上遊戲！只能說亮亮是玩咖！

▌謝謝閃電及美麗的小烏龜招待，讓我們的環島旅行竟然可以到俱樂部玩，真是太美好的旅行了！

　　我佩服閃電有這麼豐富的人生，我喜歡他從小認真玩過，大了發現自己的興趣並努力鑽研至現在的成就！

與海洋生物一起入眠　超特別

　　我們依依不捨告別閃電，趕緊往海生館報到！這是環島最後一個行程了，也是我有些擔心的行程。我們環島自由慣了，幾點醒來、做甚麼事情都很自由，夜宿海生館是團體行動，早上7點起床收拾棉被吃早餐，不知道明天2468是否會盧小小影響行程（明天寫日記時再跟大家說）……

　　夜宿海生館4點報到後就開始有很多活動的進行：報到→說明夜宿內容→臺灣水域館導覽→晚餐→臺灣水域館夜訪導覽→後臺認識餵魚環境→集合選位鋪床→DIY黏土時間／消夜／盥洗→就寢。

　　2468其實非常累及想睡覺，不過因為活動緊湊，所以都能將他們的疲累轉移至活動上。比較特別的是我們看見也觸摸到鯊魚的卵，外觀扁扁像孔雀蛤，摸起來硬硬的，可以看見裡面有一顆黃色卵黃及小鯊魚在扭動，真的大開眼界！還可以親自拿著蝦子餵河口魚，夜宿海生館活動真的很有趣！

　　因為中午時，孩子已經在閃電的俱樂部泳池玩過水就當作洗澡了，所以在自由活動時間我們不去洗澡，去做了黏土DIY也吃了消夜綠豆蒜甜品，再回到我們今晚入睡的地方：大洋池。

　　好多人都選擇在大洋池鋪床，因為可以和魟魚、鯊魚入眠是多麼酷的事情！哪怕有孩子哭、大聲說話、走動聲、打呼聲，我們都能安穩沉睡！這是多難得的夜宿經驗啊！

　　跟著不認識的人一起睡在同個空間，大家走過去就會看到你的睡姿，還真的有點特別，不過能睡在大洋池透過微弱的燈光，看見曼波魚和鯊魚在游泳仍覺得好值得！晚上要睡覺了，其實

2468很累很累，但看見魚一直在游泳都一直撐著不睡，後來快11點，低吼罵趕緊閉上眼睛睡覺，才甘願入睡。

當我邊寫日記寫到累時，抬頭看一下魟魚優雅的美姿，我又能低頭多打幾個字，我太愛大洋池了！

我莫忘初衷！把童年還給孩子！父母親的陪伴及努力地玩，就是他們童年最重要的事情了！

一到海生館，娃娃下車時，腳不小心撞到車子喊很痛。沒想到8馬上說：「那我揹妳！」8的包包我幫忙揹、4幫忙6揹水壺，孩子們！你們真的讓我一直感動！

夜探臺灣水域館。為了模擬晚上的樣子，特別將某些區域關燈，也讓水中生物可以休息睡覺，我們會用手電筒看牠們晚上睡覺的樣子。

摸水母帽子，這就是海蜇皮喔！

鯊魚卵。第一次見，太酷了！

Yellow House

【地址】屏東縣恆春鎮南灣路862巷36號

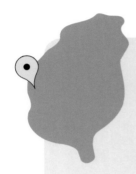

DAY 34

第一次體驗野營

最後一露！
「野營」將是環島拼圖的最後一塊！

雲林口湖　海口故事園區

【地址】雲林縣口湖鄉港西村1鄰海豐路50-12號（馬蹄蛤主題
　　　　館附近）

【電話】05-5522465

目前為雲林沿海唯一免費露營區，周邊有成龍濕地、宜梧滯洪池、
馬蹄蛤生態館等景點。

海生館餵食秀→保護珊瑚礁→

雲林海口故事館園區野營

海生館完美Ending

　　早上6點起床就先打點好自己，這樣孩子起床後才能從容應對孩子的所有狀況，再躺回床鋪放空看著大洋池裡的魟魚、鯊魚、鯝魚自在游著。最讓我擔心的就是起床後2468是否可以完成收拾床鋪的動作，因為我們在風口的關係，起床會冷，孩子都盧一下，穿個外套，他們繼續協助完成工作（第一關收拾床鋪成功）。

　　之後我們要上樓享用午餐，2、4完全沒睡飽一直盧著討抱，2幾乎從起床就一直黏在身上，4也很累想要抱抱⋯⋯吃完我們走去大洋池等待餵食秀時，坐在椅子上完全體力不支。

　　6把右腿當枕頭側躺、4把左腿當枕頭側躺，我雙手把2抱高盡量腳不碰到4、6為主，一個小時過去了，我也快出竅了⋯

我們夜宿海生館住在臺灣水域館的大洋池階梯上，孩子們說睡這個地方很讚，不用擔心掉到床下。

好累的4繼續哭喪臉來到餐廳，真的謝謝唯一清醒尚有些精神的8幫忙拿早餐，原本他也很累，當我請他拿早餐時，跟他說：「謝謝哥哥幫我們拿東西！」（邊說邊摸頭、親手）原本疲累的表情馬上，真的是馬上眼睛都亮、嘴角上揚走去擺餐處取餐！真的謝謝你！我愛你！

◇掃描 QRcode 看 2468，後面還有更多精采影片喔！

　　終於！潛水員餵食秀救了我的肉體及精神，他們秒變恢復了體力，自己坐著專心聽講解及餵食秀！我則慢慢恢復元氣……

　　餵食秀結束，下個活動是潮間帶導覽，因為我們常接觸，我自己也會跟孩子介紹，所以就沒有參加，而是帶孩子來參加保護珊瑚礁的活動。

　　透過顯微鏡讓2468認識珊瑚蟲、海葵、藻類。全球有四分之一的熱帶魚是需要珊瑚礁生態才能維持生命，如果珊瑚礁持續白化熱帶魚將因為少了食物來源進而相繼死亡，整個食物鏈都會大大受影響，所以希望我們能愛惜海洋生物。

　　兩天一夜夜宿海生館活動十分豐富且具特色，如有機會很值得帶孩子來體驗。

活動結束後，一定要來鯨鯊戲水池泡水玩水，我們才心滿意足往北移動。

在今天早上，孩子因為睡眠不足開始情緒不穩。老實說我也沒有睡得比較多，體力精神戰鬥力約70%，當2哭幾聲，戰鬥力瞬間掉到65%；當4又再盧幾聲後，戰鬥力又掉到60%；四隻孩子輪流哭鬧盧我的戰鬥力、理智線，能讓我繼續站在原地沒有發飆我也真的感受到自己進階了！

當下我請四隻孩子來我面前，告訴他們：我們大家一起出來玩，有時會真的比較累，但當你想要玩的時候就必須學習忍耐，才能去嘗試玩更多好玩的。媽媽也會累！媽媽要照顧你們四隻，還要處理很多事情，有些時候需要互相體諒、鼓勵，我才能再帶你們去玩更多好玩的。

孩子其實都能聽得懂道理並學習將自己的不耐忍住。

最後一露，四寶媽＋2468挑戰野營

一路上不斷想，我不要住水泥屋了，我想要睡戶外搭帳篷，但要在哪個縣市搭帳這問題就停在路邊兩次！問心中想要的營地感覺再估狗找適合的營地。

最後一露我挑戰了野營！！

心裡一直有個聲音：野營將是環島拼圖的最後一塊，完成了，美麗的風景即將呈現。

是的，四寶媽＋2468挑戰野營！！

開車來到雲林海口故事館園區的野營地，有完善的水電、乾淨的衛浴設備、偌大的海口養蚵田、美麗的夕陽、免費海釣池，怎麼看都是五星級的野營地點。

　　就在勘查營地同時，有兩個當地阿北騎著摩托車手上拿著一手啤酒，兩個好朋友相約來這喝酒聊天。我向前打招呼並詢問營地狀況時，阿北說只要到假日、連假都有很多人來露營，這裡治安很好，沒有閒雜人等會來，可以放心露營。

　　「來！給妳一瓶一起喝！」大廚阿北遞給我。

　　「來！喝一杯！」邱阿北、主廚阿北、我三人碰瓶子喝酒。

　　我再繼續詢問蚵田事情時，邱阿北忽然對我說：「妳有沒有吃過新鮮的蚵阿麵線？」我說沒有，邱阿北超級熱心馬上騎摩托車去買了一斤鮮蚵、蚵肉、青菜、青蔥、麵條，來請主廚阿北煮蚵阿麵線當晚餐請我們吃，還送我兩支蚵刀！

　　天啊！我在路上泡麵都買好，想說晚餐隨便吃，沒想到喇個滴賽，就有大廚現煮新鮮的蚵阿麵線當晚餐，太不可思議了！

　　聊一聊阿北又騎著摩托車噗一下又出去，回來竟然有現搖飲料、奶茶、蘆筍汁、礦泉水，海口阿北好熱情啊！！

　　之後陸續來了幾位當地人，大家一起聊天，孩子們隨便玩、8釣魚，再一起去看夕陽。

　　雖然美中不足因衛浴設備的電箱被管理者鎖住，我們無法淋浴，我也懶得用手電筒當照明，當然也不敢這麼黑幫2468洗澡，所以全部人都用濕紙巾擦黏乎乎的臉、手腳準備睡覺，男生尿尿用寶特瓶接著，6用隨身尿桶，晚上大蚊子大軍出沒，孩子全噴防蚊液，我不怕蚊子叮故意不噴，讓蚊子都來叮我不叮孩子，算算打死約二三十隻，另類成就感。

　　現在又多一個屏東薄霧吳大哥跟著當露友，邱阿北自願當保鑣睡在旁邊，阿北真的直接把地板當床，天花板當棉被，就這麼隨興躺在地上睡覺，聽見6過敏咳嗽還醒來看一下帳篷，我揮揮手示意沒事可以繼續睡覺。

　　關於安全，我口袋有兩個祕密武器，大家別擔心！我們很安全喔！

每天都精彩無比的環島旅行

　　想著自己帶著2468每天都過得精彩無比的環島旅行，我們完成了壯舉了！

　　明天我們將直接回北部，回家好好全身露仙洗個爽快的冷水澡，有時間再給別人洗個已經可以當流浪漢的打結頭髮，再和阿爸相聚吃個迴轉壽司，這個完美三十五天環島旅行暫時休息^_^

　　別以為我只帶2468玩這三十五天的旅行。一個月前我幾乎每天都會帶著他們趴趴走玩：農場釣魚、在水溝游泳、洗澡、抓昆蟲、玩泥巴，以前我在鄉下成長的童年複製在孩子身上，如你們喜歡我的「土雞帶法」，可以繼續關注粉絲頁，我會繼續po文讓你們知道土雞該怎麼青菜嘎嘎，可以養得肌肉結實又會玩！

　　相信四寶媽＋2468的環島日記一定能在你心中留下小火種！

記得！快快點燃它，快快用它的光及熱來充實你們的人生，不然放太久潮濕了就點不燃了。

關於野營及阿北

　　我第一次野營還是覺得好可怕喔！！畢竟我一個女人帶著四個孩子，如果發生甚麼狀況該怎麼辦？但……就是一直憨膽出發，也一直有幸運之神眷顧我們，所以才會好幸運遇到邱阿北及大廚阿北。

　　隔幾天我還有打電話給邱阿北，他一樣在野營的地方喝酒和露友聊天。

　　我告訴他：「酒不要喝太多喔！要趕緊回家睡覺喔！」

　　最後一個晚上旅行竟可以和當地阿北成為朋友，還體驗第一次野營的特別經驗，如果第二屆環島旅行，仍會選擇一次野營，讓旅程更加豐富有趣（不過之後如果有跟阿爸在一起，還是會選擇完善設備的露營區）。

DAY 35

臺灣最美的風景是人

這次的環島露營是把鑰匙，打開我們每年都想環島的門

　　這次的環島露營是把鑰匙，打開我們每年都想環島的門！

　　整晚我聽見露友大哥的打呼聲以及知道阿北就在旁邊保護我們，內心有很大的暖流湧入，我很開心自己帶著2468環島旅行打開眼界外，還打開心胸去認識陌生人，並用真誠的心去結交善緣。

　　早上一睜開眼睛就看見邱阿北坐在帳篷外面，看到我起床還叫我再多睡一下，我跟他說沒關係，便起身盥洗再走到堤防上欣賞雲林海口特有的蚵田文化，轉身又能看見魚塭養殖文化。

　　再往下看涼亭，邱阿北慈祥坐著，抽著菸喝杯酒就是他的早餐。一個年紀可以當阿公的長輩，沒有枕頭、棉被直接席地而睡，只因擔心我帶著2468第一次野營會害怕而陪伴著我們，這份濃厚的人情味屬雲林海口人專有了！

　　阿北坐了一會跟我們道別，並交代下次來一定要找他，他會再準備好吃的請我們，他繼續騎著歐兜邁找酒伴聊天，留下來的除了酒瓶外，還有海味鮮甜的蚵阿麵線回憶。

　　第一次野營來到海口故事館就幸運遇到兩位阿北，讓我的環島拼圖終於拼成一幅美麗的風景畫。

　　我的環島拼圖共露十五個營地、九個民宿／友人家，三十五天共住二十四個地點，每個地點的人事物都帶給我們很深很濃的感情與感動，直到現在仍內心感激！

　　當邱阿北及露友大哥都離開後，我也趕緊收帳，沒想到帳篷內外都被螞蟻大軍攻陷了。帳篷內至少有五十隻，帳篷外萬馬奔騰像洪水般流動著的螞蟻多到數不清了，我隨口說了一句：「天啊！好多螞蟻！」8聽見了就說了我昨天對他們說的話：「野營本來就會這樣，沒關係啊！」

　　是的！不論露營、野營難免會遇到蚊蟲問題，隨遇而安吧。

　　我們收拾好準備北返回家嚕仙囉！

阿北就像自家長輩坐在門前顧孫子,他是雲林海口人情味代表:邱阿北。

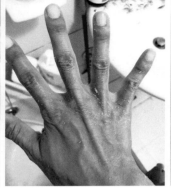
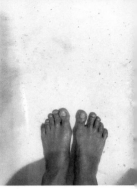

35天沒回家的家究竟變成甚麼樣子？

　　一開門有個腐臭味、有個蟑螂味。踩在地板上就像在沙灘上沙沙感覺，廁所像公廁有黃漬……天啊！喔，好噁……

　　我的昆蟲寶貝：莫氏樹蛙、小扁竹節蟲、棉桿竹節蟲、鰲蝦、蟋蟀、金龜子全死了，好難過……但幸運發現螳螂竟然可以無性生殖產卵！幽靈竹節蟲成蟲了！真是不幸中的大幸！（請不喜歡昆蟲也不會照顧的阿爸，能有活口出現已經感激了）

　　趕緊洗個暢快冷水澡「嚕仙」，真的不豪小，「仙」超多的！全身都有仙！然後幫2洗澡時，還特地找肥皂來洗會更乾淨，肥皂水竟然變成咖啡色……天啊！我們玩得好認真啊，好酷，超有成就感的！

　　洗澡嚕仙→洗衛浴→整理客廳、小教室→整理昆蟲盒→打掃廚房→洗頭，回來都沒有休息！踩在地板上舒服沒有沙沙的、客廳沒有腐臭味了、昆蟲寶貝們的家也打掃了，家變乾淨明亮了！

　　好清爽^_^

　　晚餐吃完火車壽司，阿爸把裝備搬上來，家裡又滿了，這些真的是甜蜜的負擔，值得一再回味的回憶！

　　希望讓你們心中有個小火種越燒越旺，並勇敢規劃為母則強、最強奶爸帶著寶貝環島旅行。

　　這次的旅行是把鑰匙，打開我們每年都想環島旅行的門。

　　四寶媽＋2468會繼續用土雞放養教育方式，用力玩出我們的精彩人生。

這趟環島旅行，對2468來說……

　　有次在愷媽家，246正在騎腳踏車，6忽然走向我身邊說：「媽媽，要相信自己對不對？」我很好奇娃娃怎麼會忽然説出我之前對他們講的話。娃娃說：「因為相信自己，再困難的事情也可以做到！媽媽有跟我説！」

　　當下聽了好感動，我將正面樂觀的觀念傳達給我的孩子，他們內化在心裡成為成長的養分，我覺得好感動。就像是我在開車途中，孩子忽然對我說：「媽媽我覺得妳好厲害，路小小條妳也敢開，黑黑的妳也敢開！我覺得妳好強喔！」

　　當我成為一個勇敢媽媽讓孩子記住在心中時，我相信他們也對自己會更有信心去面對所有困難！

　　因為媽媽會陪著他們勇敢！！

　　他們喜歡環島旅行嗎？他們非常喜歡環島旅行！

　　他們說：可以游泳、露營、和朋友玩、跟媽媽在一起，可以去好多好多地方玩，都好好玩喔！

　　明年也還要報名參加！

　　能給他們一個這麼好玩的環島旅行的童年，這就是最值得的事情了。

後記

　　相信大家都跟我一樣很期待知道：這三十五天到底花了多少錢？還有為甚麼我會和大家一樣很期待？我是花錢的人怎麼會不清楚呢？

　　不瞞大家說！我是跟阿爸領零用錢過日子的人妻啊！！！

　　覺得身上有錢好可怕，很擔心錢掉了，還有自己也對錢較沒有安全感，要我管錢的話，一直看見錢離家出走，會很憂鬱怎麼沒有錢進來，所以家裡管錢的是阿爸！

　　能不管錢以及想要伸手討零用錢時，不會被使白眼或擺賽面給妳看，阿爸就是這麼好的先生，上輩子修好香，阿彌陀佛！

　　回到總支出，試想：妳要照顧四隻孩子、收帳、搭帳、每天帶孩子玩體驗、上山下海，加上我對數字一看就昏，所以我最低最低的標準就是：孩子、車子平安健康、提款卡千萬不要不見，保守這原則，我就是省到賺到（唯有換電池那次驚險經驗，重點來了！！環島前阿爸有將車去做大檢查保養，車廠有告知電瓶沒有很健康，但阿爸心想應該還可以繼續用，沒想到就在臺東發生電瓶沒電的情況出現……所以基本上車子是沒有問題，一路護送我們到任何一個景點，我真的謝謝阿爸選了一臺安全又好開的好車）！！

　　現在，大家可以搬張椅子、喝個小酒、咖啡來看看我的花費了（說實在，我無法列出細項，只能列出大概，細項可以讓大家去找資料去算算了）。

　　我這次除了有兩次自己煮泡麵當晚餐外，所有三餐全都外食！

　　1.一打四要做所有的苦力，我真的也沒有力氣去煮三餐了。

　　2.出來玩就是要享用當地美食^^（其實還是回到1，我真的不想要把自己弄得這麼累^^）

我帶著孩子玩了：溯溪、賞鯨、鶯山博物館小泰山之旅、浮潛（還玩兩次）、原住民射箭體驗、竹筏體驗、吉拉卡樣假日廚房體驗、夜宿海生館、三天兩夜跳島小琉球旅行、採蚵文化、魚塭當小漁夫抓魚體驗等等，以上這些費用加總起來也是可觀的數字。

營地+天空之城兩天一夜深旅行+香客大樓+海生館的費用，三十五天的住宿費用至少也要三萬元起跳。

我的錢支出方式有分四種：預付、刷卡、提款卡、手機街口支付，只要將這四個支出方式加總起來就是我的總支出了。

●刷卡（加油、細項花費）：約五千元

●提款卡（現金不夠就領）：領了五萬三千元

●街口支付（全部都是在便利商店購買食物）：約五千六百元（全臺灣商店密度最高的就是便利商店，雖然貴了些，但帶著四隻孩子，只要方便購買就是王道）

●預付（營地、溯溪、賞鯨、南投仁愛民宿、夜宿海生館）：三萬五千元

☆環島35天總支出98600元☆

我不知道這樣是貴還是便宜，以我的標準就如同之前說的，在這趟三十五天的環島行程裡我和孩子都平安、健康，沒有發生需要掛急診或是住院情況出現（除了8因為莫名拉肚子，有去看醫生，幸好行動力都很不錯），還有車子除了換電瓶事情外，其餘行車進行中都是平安無事故。

我用十萬元帶著孩子去認識臺灣的美；去感受臺灣最美的風景是人；去了解原住民歷史文化；用身體五官去體驗所有的活動。

對我而言，我能帶著孩子度過這精彩的三十五天，用十萬元買到這些精彩的回憶，這錢以及所花的時間都是值得的！

◆分享 35 天的住宿地點◆

☆上半個月的旅行皆為露營搭帳
☆下半個月會配合民宿、友人家、露營配合

中部

・雲林晁陽綠能園區
・雲林海口故事館
　☆野營☆
・臺中payas的家
・二姐家
・趣露營
・二林中科營地
・彰化愷媽家
・南投仁愛紅藜、小米、
　鹿鳴山谷
・日月潭愛玩客營地

花蓮

・慢活趣
・大象山莊
・吉拉卡樣假日廚房
　☆這裡非營地，謝謝
　吾兀兒提供廚房讓我
　搭帳☆

臺東

・浪花蟹
・福鹿山
・小野柳
・小雄72號露營手作坊
・臺東祕境

臺南

・臺南巧棟家
・臺南雨農家

屏東

・烏龍國小中廊搭帳
・琉球好民宿
・車城土地公香客大樓
・夜宿海生館

☆共露住*15個營地、+9個民宿／友人家☆

　　大家可以嗑嗑瓜子，想想你們的小旅行要去哪？該怎麼規劃行程？如果不知道的話，再回頭看看我的環島日記，每個行程都很適合親子活動，非常值得推薦^^

　　讓你們心中的小火種因為我的日記而點燃發亮，當信心越大、火力漸旺，兩天一夜、一個禮拜甚至一個月旅行就不再只是觀望、猶豫。為母則強！燃燒屬於你們的旅行回憶，我也很期待大家的旅遊心得喔！

四寶媽（婷婷老師）好玩有趣的故事啟蒙積木課

　　積木是全世界教育專家公認最適合孩子玩的玩具之一，感覺統合專家王宏哲醫師曾說：「操作積木及閱讀能真正提升專注力。」積木不僅可以促進手眼協調能力，還能啟發想像力、創造力，更可以增進社交能力，並且從組裝過程中學習解決問題的能力。

　　非常喜歡孩子的婷婷老師本身就有四個活潑好動的孩子，本身有多年的幼教經驗。

　　課程安排利用活潑有趣的教學方式，將繪本賞析、感統遊戲、認識昆蟲、音樂律動、創意美勞等活動串連一小時的創意Lasy積木課。

　　讓孩子透過遊戲的方式，在快樂的環境下啟發想像力及創造力，進而訓練專注力及穩定性。

▍延伸遊戲：感覺統合遊戲。

▌ 婷婷老師會將自己所養的竹節蟲結合積木課介紹給孩子們認識，透過觸摸及觀察，讓孩子們了解昆蟲及如何照顧牠們。後面的小可愛表情真的是太逗趣了。

▌ 繪本賞析：婷婷老師正在說「大野狼肚子餓」的故事。叡叡聽得好專心，忽然被婷婷老師的獅吼功嚇了一跳，趕緊爬回去躲在媽媽的懷裡。

　　課程採親子班教學，讓把拔馬麻甚至阿公阿嬤陪著孩子一起組裝積木，遠離3C產品，回歸到手作樂趣、增進親子關係，並與同儕互相學習模仿、大方分享、欣賞對方作品及有顆對長輩抱著感恩的心，大聲說：「謝謝阿公阿嬤、把拔馬麻帶我們來上課。」

　　能陪著孩子一同成長，並看見他們對積木的熱愛中散發出來的自信感，整堂課都一直和同學開心地玩在一起，回到家又開始期待下次的積木課，這就是給爸媽及婷婷老師最大的正向回饋了！

▌ 美術創作

▌ 婷婷老師上課囉^_^

　　婷婷老師誠摯地邀請把拔馬麻帶著寶貝們一同進入創意積木的世界裡，「快樂玩Lasy、越玩越聰明」絕對不是口號，而是透過手的操作激盪腦力、活化腦細胞，讓孩子在遊戲過程中玩中學，並越玩越聰明。

上課地點：桃園市蘆竹區

聯絡方式：婷婷老師0910633092

Line：Lasy520

歡迎按「讚」加入粉絲頁：婷積場積木館

https://www.facebook.com/HappyLasy

釀生活16　PE0138

 環島一打四
　　　──四寶媽+2468的35天露營日記

作　　　者	四寶媽
責任編輯	徐佑驊
圖文排版	賴英珍
封面設計	蔡瑋筠

出版策劃	釀出版
製作發行	秀威資訊科技股份有限公司
	114 台北市內湖區瑞光路76巷65號1樓
	電話：+886-2-2796-3638　傳真：+886-2-2796-1377
	服務信箱：service@showwe.com.tw
	http://www.showwe.com.tw
郵政劃撥	19563868　戶名：秀威資訊科技股份有限公司
展售門市	國家書店【松江門市】
	104 台北市中山區松江路209號1樓
	電話：+886-2-2518-0207　傳真：+886-2-2518-0778
網路訂購	秀威網路書店：http://store.showwe.tw
	國家網路書店：http://www.govbooks.com.tw
法律顧問	毛國樑　律師
總 經 銷	聯合發行股份有限公司
	231新北市新店區寶橋路235巷6弄6號4F
	電話：+886-2-2917-8022　傳真：+886-2-2915-6275

出版日期	2017年11月　BOD一版
定　　價	400元

Printed in Taiwan

國家圖書館出版品預行編目

環島一打四：四寶媽+2468的35天露營日記 / 四
　寶媽著. -- 一版. -- 臺北市：釀出版, 2017.11
　　面；　公分. -- (釀生活；16)
　BOD版
　ISBN 978-986-445-231-6(平裝)

　1. 臺灣遊記

733.6　　　　　　　　　　　　　106020710

讀 者 回 函 卡

感謝您購買本書，為提升服務品質，請填妥以下資料，將讀者回函卡直接寄回或傳真本公司，收到您的寶貴意見後，我們會收藏記錄及檢討，謝謝！
如您需要了解本公司最新出版書目、購書優惠或企劃活動，歡迎您上網查詢或下載相關資料：http:// www.showwe.com.tw

您購買的書名：＿＿＿＿＿＿＿＿＿＿＿＿＿＿＿＿＿＿＿＿＿＿＿＿＿

出生日期：＿＿＿＿＿年＿＿＿＿＿月＿＿＿＿＿日

學歷：□高中 (含) 以下　　□大專　　□研究所 (含) 以上

職業：□製造業　□金融業　□資訊業　□軍警　□傳播業　□自由業
　　　□服務業　□公務員　□教職　　□學生　□家管　　□其它＿＿＿

購書地點：□網路書店　□實體書店　□書展　□郵購　□贈閱　□其他

您從何得知本書的消息？
　　□網路書店　□實體書店　□網路搜尋　□電子報　□書訊　□雜誌
　　□傳播媒體　□親友推薦　□網站推薦　□部落格　□其他＿＿＿＿＿

您對本書的評價：（請填代號　1.非常滿意　2.滿意　3.尚可　4.再改進）
　　封面設計＿＿＿　版面編排＿＿＿　內容＿＿＿　文／譯筆＿＿＿　價格＿＿＿

讀完書後您覺得：
　　□很有收穫　□有收穫　□收穫不多　□沒收穫

對我們的建議：＿＿＿＿＿＿＿＿＿＿＿＿＿＿＿＿＿＿＿＿＿＿＿＿＿

＿＿＿＿＿＿＿＿＿＿＿＿＿＿＿＿＿＿＿＿＿＿＿＿＿＿＿＿＿＿＿＿＿

＿＿＿＿＿＿＿＿＿＿＿＿＿＿＿＿＿＿＿＿＿＿＿＿＿＿＿＿＿＿＿＿＿

＿＿＿＿＿＿＿＿＿＿＿＿＿＿＿＿＿＿＿＿＿＿＿＿＿＿＿＿＿＿＿＿＿

11466
台北市內湖區瑞光路 76 巷 65 號 1 樓

秀威資訊科技股份有限公司 收

BOD 數位出版事業部

....

（請沿線對折寄回，謝謝！）

姓　　名：＿＿＿＿＿＿＿＿　年齡：＿＿＿＿　性別：□女　□男

郵遞區號：□□□□□

地　　址：＿＿＿＿＿＿＿＿＿＿＿＿＿＿＿＿＿＿＿＿＿

聯絡電話：(日) ＿＿＿＿＿＿＿＿＿ (夜) ＿＿＿＿＿＿＿＿＿

E - m a i l：＿＿＿＿＿＿＿＿＿＿＿＿＿＿＿＿＿＿＿